바쁜 것도 습관입니다

시간을 내 편으로 만드는 8가지 기술

바쁜 것도
습관입니다

아리카와 마유미 지음 • 송소정 옮김

웅진 지식하우스

우리에게 남은 생이
3일뿐이라면?

"국민 여러분, 우리에게 남은 생은 3일입니다!"

대통령이 국민 앞에서 소리 높여 선언합니다. 저는 '아, 앞으로 3일이라니…'라며 주저앉았습니다. 그런데 주변 사람들은 환성을 지릅니다.

"와, 3일이나 살 수 있다니. 엄청난데?"

이 나라 사람들의 평균 수명은 겨우 3시간이었던 겁니다. 3일이나 살 수 있게 됐으니 수명은 24배가 된 것이죠. 얼마나 굉장한 일이냐며 다들 기뻐했습니다. 그리고 하루가 지났습니다. 그런데 이번에는 모두 이런 말을 하기 시작했습니다.

"역시 3일이나 산다는 건 고문이야."

사실 이건 꿈이었습니다. '시간이 많이 주어져도 무엇을 하면 좋을지 모르겠다, 너무 지루해 죽을 것 같다, 오래 사는 건 괴로운 일이다'와 같은 이유로 생명을 단축해달라는 국민의 폭동이 일어난다는 이상한 꿈이었습니다.

나이들수록 시간의 흐름은 빠르게 느껴진다
———

인간의 수명은 길어져서 평균 80년 이상을 살아갑니다. 물론 모두 그렇지는 않지요. 지금도 아프리카에는 평균수명이 40대인 나라도 적지 않습니다.

우리들은 바쁘다거나 시간이 없다는 말을 습관처럼 하며 매일을 보내고 있습니다. 하지만 정말 그럴까요? 우리가 누릴 수 있는 시간, 우리의 수명을 생각하면 시간은 충분합니다. '시간이 없다'는 것은 막연한 생각에 지나지 않습니다.

그러면 우리는 왜 시간이 없다고 생각하는 걸까요? 그건 우리 감각 때문입니다. 어렸을 때는 하루가 깁니다. '오늘은 뭐하면서 놀까?'를 생각하며 아침부터 저녁까지의 시간이 충분하다고 느낍니다. 한 달 남짓한 여름방학이 길다고 느껴지는 것은 '시간의 심리적 길이가 연령에 비례하기' 때문이라는 이

론도 있습니다. 바로 '자네의 법칙'입니다.

프랑스 철학자 폴 자네에 따르면 우리는 시간을 느낄 때, 지금 시간이 흐르는 걸 체감하는 게 아니라고 합니다. 그보다는 과거를 돌아보았을 때 느껴지는 시간의 길이에 대한 인상을 통해 느낀다고 합니다.

예를 들어보죠. 5세 아이에게 1년은 인생의 5분의 1에 해당하는 시간입니다. 하지만 30세 어른이라면 30분의 1이 됩니다. 그래서 어른의 1년은 상대적으로 짧게 느껴집니다.

다시 말해 30세 어른이 느끼는 1년이란 시간에 대한 감각은 5살 아이에게는 6년, 어른이 느끼는 1시간은 아이에게 6시간으로 느껴진다는 얘기죠. 아이에게 '1시간 기다렸다가 놀러 나가'라고 말한다면 그야말로 고문일 겁니다. 기다림이 힘겨워 울고불고할지도 모릅니다.

어른이 되면 얘기가 달라집니다. 계속되는 일과로 하루가 순식간에 끝납니다. 하루하루의 생활과 빽빽하게 채워진 일정에 쫓기는 동안 1년, 2년, 3년… 그렇게 시간이 금세 지나가버립니다. 문득 뒤돌아보면 '벌써 1년이 흘렀네', '눈 깜짝할 새 40대가 지났어'라며 놀랍니다. '하루가 36시간 정도 된다면 좋겠는데'라는 생각을 다들 몇 번쯤은 해봤을 겁니다.

그런데 시간이 길게 느껴지거나 짧게 느껴지는 것은 그다지 중요한 문제가 아닙니다. 중요한 건 좋아하는 것을 하고 있는 시간, 충실히 보내고 있는 시간입니다. 그런 시간은 또 금세 지나가는 법입니다. 길게 느끼는가, 짧게 느끼는가 하는 것보다는 시간의 질을 높이는 것이 중요하죠. 우리에게 주어진 시간을 알찬 내용으로 채워야 합니다.

내 시간의 주인이 되는 법
——

다시 이야기를 원점으로 돌려보죠. '시간이 없다'고 느끼게 되는 데는 이유가 있습니다. 그건 '해야 하는 일'이 파도처럼 몰려들어서 그 일들을 쳐내기에 급급하기 때문입니다. 시간적 여유도 마음의 여유도 없어지는 거죠. 바로 그런 상태일 때 우리는 '시간에 쫓긴다'고 말합니다. 늘 시간이 부족하고 시간에 끌려다니는 것처럼 느끼는 것은 그것이 진정한 '자신의 시간'이 아니기 때문입니다. 이처럼 바쁜 것도 습관입니다.

많은 사람들이 회사를 위해, 가족을 위해, 생활을 영위하기 위해 어쩔 수 없었다고 생각합니다. 그러면서 은연중 자신의 시간을 희생하고 있다는 느낌을 갖게 됩니다. 몇 시간이나 걸리는 출퇴근길, 반복되는 야근, 가사와 육아로 인한 부담, 그다지 내키지 않는 사람과의 만남 등 하루 동안 해야만 하는 일이 무수히 많습니다.

우리는 해야만 하는 일에 치여 다음과 같은 생각들에서 벗어나기 어렵습니다. '시간이 있으면 저 사람과 만날 수 있을 텐데', '시간이 있다면 미뤄두었던 공부를 할 수 있을 텐데', '시간이 있다면 부모님을 병원에 모시고 갈 수 있을 텐데', '시간이 있으면 아이에게 그림책을 읽어줄 수 있을 텐데'라는 생각 말이죠.

그래서 어떻게든 효율적으로 시간을 활용해 자신의 시간을 만들려 합니다. 하지만 그런 계획과 목표를 세우는 건 또 다른 '해야 하는 일'에 불과합니다. 그래서는 더 바빠지기만 할 뿐 '시간이 없다'는 근본적인 문제가 해결되지 않습니다.

우리에게는 하루 24시간, 1년 365일이 주어집니다. 그것들이 모여 '평생'이라는 시간이 되지요. 기본적으로 이 모든 시간은 누가 대신 써줄 수 없는 '자신의 시간'입니다. 우리가 시간에 대해 생각할 때는 이 기본적인 사항을 분명하게 기억하고 있어야 합니다.

하지만 자유로워야 할 매일의 시간을 '자신의 시간'이라고 생각하지 못하고 있다면, 다음과 같은 두 가지 해결책이 있습니다.

자신의 시간을 만드는 방법

1. 우선 자신에게 '중요한 시간'부터 확보한다
2. 하고 있는 것을 '하고 싶은 것'으로 바꾼다

시간이 없다고 습관처럼 말할 때, 우리는 어떻게 시간을 보내고 있을까요? 먼저 우리는 일과 가사, 타인과의 교제 등 주변의 상황에 따라 움직이는 일에 시간을 가장 먼저 씁니다. 시간과 상황에 끌려다니는 것이죠. 그리고 남은 시간을 '자신의 시간'으로 만들려고 합니다. 이런 식으로는 자신의 시간을 확보하기 어렵습니다. 여기저기 쓰고 남은 돈으로 저금을 하려 한다면 돈이 잘 모이지 않죠. 같은 논리입니다.

우리들은 직장, 가족, 친척 등과의 관계에 집착해왔습니다. 집단 안에서 자기에게 부여된 역할을 하면서 조화롭게 지내려 애썼지요. 하지만 이런 문화와 사고방식의 영향으로 '자신의 시간'을 중요시하는 습관을 기르지 못한 측면도 있습니다.

그동안 우리는 나보다 주변을 우선시해왔기 때문에 '나는 누구인가?', '무엇이 하고 싶은가?'를 생각하는 연습을 충분히 하지 못했습니다. 그러나 지금 우리는 얼마든지 자유로운 선택을 할 수 있습니다. 주변과 상황에 맞추기 위해 나의 행복을 포기할 이유가 없지요.

여러분이 속한 집단이나 주변 사람들은 여러분의 행복을 책임질 수 없습니다. 내 인생의 주인은 바로 나니까요. 삶의 주도권을 쥐고, 행복도 스스로 확보해야 합니다. 시간을 어떻게 쓸 것인지 역시 자신이 우선순위를 정해야 합니다.

'하루 중 가족과 지내는 시간을 우선으로 확보한다', '일주일 중에서 연인과 만나거나 공부하는 시간을 먼저 확보한다', '일년 중 장기 여행할 시간을 맨 먼저 확보한다'와 같이 자신에게 중요한 시간을 확보해야 합니다.

시간 계획을 짤 때 자신에게 가장 중요한 일을 맨 먼저 넣어봅시다. 그리고 나머지 시간들을 우선순위에 따라 안배하는 것입니다. 중요한 일에 쓸 시간을 확보했으니, 시간을 무의미하게 흘려보내는 일은 없을 겁니다.

하고 싶은 일을 하는 인생을 살자

우리가 시간이 없다고 느끼는 데는 또 다른 이유가 있습니다. 현재의 상황을 바꾸기 어려운 경우가 많기 때문입니다. 안타깝게도 자신의 스케줄을 마음대로 바꿀 수 있는 행운은 많은 사람에게 주어지지 않습니다. 그럴 때는 생각의 전환이 필요

합니다. 자신의 시간을 만들어내는 데 집착하기보다 '하고 있는 것'을 '하고 싶은 것'으로 바꾸는 게 빠른 해결책입니다.

저는 평소에 좋아하는 것을 일로 삼을 것인지, 하고 있는 일을 좋아할 것인지 둘 중 하나를 선택하라고 말합니다. 실제로 좋아하는 것을 일로 선택한 사람은 당연히 일하는 시간을 '자신의 시간'이라고 생각하겠지요. 하고 싶은 일을 하고 있기 때문입니다.

하지만 그렇지 않은 사람도 자신이 그 일을 선택했다는 사실은 똑같습니다. 일 속에서 뭔가 좋아하는 부분을 찾아서 주의 깊게 몰두한다면 일에 대한 애정도 생겨납니다. 그러면 마음이 적극적으로 바뀌며 '내 시간'이라는 느낌이 들게 되고 만족감도 올라갑니다.

목적을 갖는 것만으로도 그 시간은 의미 있는 것이 됩니다. 하지만 그 일이 너무 싫어서 도저히 참기 어렵다면 일을 바꾸는 것도 방법입니다. 마지못해서 계속하고 있는 상태라면 일에서 영원히 만족감을 얻지 못하게 됩니다. 그렇다면 자기 삶의 주인으로 살 수 없지요.

우리는 하루의 시간 중에서 약 절반 정도를 일에 쓰고 있습니다. 그렇게 몇 년, 몇 십 년 계속된다고 생각해보세요. 아무리 수입이 있다고 해도 내 시간과 바꿀 만큼의 가치가 있을까요?

가사나 육아 시간, 타인과의 교제 시간 등도 그렇습니다. 시간을 자기 것으로 만들고 싶다면 '자신이 하고 싶어서 하고 있다'고 느끼는 것이 중요합니다. 스스로가 선택했다고 느낄 수 있는 '자기의 시간'이 늘어나면, 시간을 빼앗기고 있다는 느낌에서 시간을 즐기고 있다는 느낌으로 바뀌어갈 겁니다.

시간이 없다는 생각을 버리고, 시간을 소중히 사용하고 싶다면 '사고의 흐름'도 중요합니다. '쓸데없는 데 쓰는 시간은 과감하게 없앤다, 우선순위를 생각한다, 정말로 중요한 일에 시간을 쓴다'와 같은 흐름 말이죠.

우리는 죽을 때 어떤 걸로 후회할까요? '일에서 실수를 했다', '시험에 떨어졌다', '결혼에 실패했다'처럼 했던 일에 대한 후회가 클까요? 아니면 '가고 싶은 곳에 가지 않았다', '소중한 사람에게 고맙다고 말하지 못했다', '하고 싶은 것에 도전하지 않았다'처럼 하지 않았던 일에 대한 후회가 클까요? 아마 후자일 겁니다. 특히 할 수 있었는데 하지 않았던 일에 대해서는 분명 크나큰 회한이 남겠지요.

시간이 없다면서 정작 하고 싶은 일을 뒤로 미룬다면, 인생의 마지막 순간에 남는 건 자신에 대한 책망뿐일 겁니다. 오직 한 번뿐인 인생입니다. 자신을 위해서 시간을 쓰도록 하세요.

시간을 대하는 태도가 인생을 대하는 태도가 된다
———

이 책은 시간을 단축하거나 효율화하기 위한 '시간 활용법'을 다루고 있지 않습니다. '무엇에 시간을 써야 하는가'라는 인생의 근본적인 문제를 다루고 있습니다. 그리고 당신이 잠시 멈추어 서서 그 문제를 푸는 도구로 이 책을 활용했으면 좋겠습니다.

그래서 후회하지 않는 인생을 위한 '8개의 습관'을 제안합니다.

죽을 때 후회하지 않는 시간 습관

습관 1 : 시간을 보내는 기분에 집중한다

습관 2 : 목적의식을 갖고 시간을 쓴다

습관 3 : 나만의 철학으로 우선순위를 매긴다

습관 4 : 지금 하고 싶은 일을 미루지 않는다

습관 5 : 너무 깊은 생각은 행동으로 끊는다

습관 6 : 나를 행복하게 만드는 관계에 집중한다

습관 7 : 지속가능한 삶을 위해 시간을 쌓는다

습관 8 : 일상의 호사스러움을 놓치지 않는다

'시간'은 우리에게 주어진 최고의 선물이며 '기적'이기도 합니다. 시간만큼 중요한 것은 없으며 시간은 누구에게나 평등하게 주어집니다. 그렇기에 무엇에 시간을 들였는지가 어떤 인생을 살았는지를 말해줍니다. 그리고 그 시간들이 당신이란 사람을 만들어갑니다.

주어진 시간을 진지하게 생각하면 삶의 방식도, 당신 자신도 바뀌게 됩니다. 당신에게 주어진 소중한 시간을 당신이 정말로 중요하게 여기는 것에 씀으로써 인생의 '드라마'를 만들어갑시다. 당신 인생의 주인공은 늘 '당신'입니다.

『바쁜 것도 습관입니다』를 읽은 독자들이 자신에게 진정 소중한 것이 무엇인지 알기를 바랍니다. 자신을 행복하게 만드는 선택을 할 수 있기를 바랍니다. 그리고 '태어나서 좋았어!'라는 기분을 몇 번이고 느낄 수 있었으면 좋겠습니다. 생의 마지막을 맞을 때 '참 좋은 인생이었어!'라고 말할 수 있다면 더할 나위 없겠죠. 그런 바람으로 이 책을 썼습니다.

아리카와 마유미

습관 1

시간을 보내는 기분에 집중한다

습관 2

목적의식을 갖고 시간을 쓴다

습관 5

너무 깊은 생각은 행동으로 끊는다

습관 6

나를 행복하게 만드는 관계에 집중한다

습관 7

지속가능한 삶을 위해 시간을 쌓는다

습관 8

일상의 호사스러움을 놓치지 않는다

시간을 보내는 기분에 집중한다

'시간과 감정'을 정리하는 규칙

무엇을 축으로
시간을 사용합니까

감정에 휘둘려
시간을 낭비하지 않는다

———

좋은 인생을 만들고 싶고, 좋은 하루를 보내고 싶다면 어떻게 해야 할까요? 당연히 좋은 감정을 갖고 시간을 보내야겠죠. 가장 먼저 말씀드리고 싶은 것은 '시간의 질'은 '감정의 질'과 같다는 점입니다.

마음이 질이 인생의 질을 결정한다

———

우리에게 주어진 시간을 어떤 기분과 감정 상태로 보내느냐에 따라 마음의 질이 달라집니다. 마음의 질이 달라지면 시간의 질이 달라지고, 궁극에는 인생의 질이 달라지죠. 이는 그 사람이 '무엇을 했는가' 혹은 '어떤 환경에 놓여 있는가' 하는 것보다도 더욱 중요합니다.

예를 들어봅시다. 돈과 권력을 쥐고 있다 해도 가족과 사이가 나쁘고, 직장에서의 인간관계가 최악으로 치닫는다면 어떨까요? 걸핏하면 주변 사람들에게 화를 내고 늘 스트레스로 가득 차 있다면, 결코 좋은 인생이라고 할 수 없습니다.

비록 돈과 권력은 갖고 있지 않아도 좋아하는 일을 하며 즐겁게 사는 사람이 있다면, 그 사람의 인생은 행복할 것입니다. 형편이 썩 좋지 않다고 해도 그 안에서 희망의 동력을 찾으려 하고, 자기 삶에 자긍심을 갖고 있다면 그것도 좋은 인생입니다.

중요한 것은 내가 어떤 감정으로 내 삶을 대하느냐 하는 것입니다. 긍정적인 감정으로 삶을 대하는 사람과 부정적인 감정으로 삶을 대하는 사람은 인생의 질 자체가 다를 수밖에 없습니다. 시간의 질이란 매우 주관적입니다. 그래서 남들이 볼 때 어떤지, 혹은 사회적으로 어떻게 평가될지에 그다지 신경쓸 필요가 없습니다. 중요한 것은 '나 자신이 어떻게 느끼는가'입니다. 내 인생이고 내 시간이니, 자신이 느끼는 것을 우선시해야 합니다.

얼마 전 한 강연회에 참석했습니다. 그곳에서 매우 유명한 기업의 CEO가 이런 말을 하더군요.

"저는 매일 아침 7시에 출근해서 수십 년간 사무실 청소를 하고 있습니다. 사원들도 그렇게 하고 있죠."

이는 존경할 만한 행동입니다. 저는 그의 말을 들으며 결코 쉽지 않은 일이며, 아무나 흉내 낼 수 없는 일을 하고 있다고 생각했습니다. 제가 그런 감동에 빠져 있던 순간, 옆자리에 있던 사람이 혼잣말처럼 중얼거렸습니다.

"내 상사가 저랬다면 괴로웠을 거야."

저는 '아차' 했습니다. 그렇습니다. 자기가 하고 싶어서 그 일을 하는 사람은 즐겁겠지만 누가 시키니까 눈치 보며 어쩔 수 없이 해야만 하는 사람은 분명 괴롭겠지요. 내가 원치 않는 일을 타인의 강요로 하고 있다면 어떤 일이라도 힘들게 느껴질 겁니다.

벤처기업이나 스타트업을 운영하는 젊은 경영자들 중에는 휴일도 없이 자는 시간을 아끼며 일하는 이들이 꽤 많습니다. 미래에 대한 꿈과 희망이 있고 일을 하지 않고서는 배기지 못할 정도로 몰두하게 된 것이라면 분명 행복한 시간이겠죠. 컨디션을 해치지 않는 범위라면 말입니다.

그러나 그 기업에 고용된 직원들 입장에서 보면 다를 수 있습니다. 열정을 핑계로 휴일을 반납하거나 늘 야근을 해야만 하는 회사라면, 불합리한 노동을 강요하는 블랙기업으로 인식될 가능성이 아주 큽니다. 초과 노동을 당연시여기는 분위기 속에서 '몇 시에 퇴근할 수 있을까'를 생각하며 힐끔힐끔 시계를 들여다보는 시간은 고통스럽죠. 그런 회사에서 오래 일하기는 힘듭니다.

다만 '시켜서 하는 일'도 기분이 점점 좋아지는 경우가 있습니다. 1년간 일찍 일어나서 청소를 해온 직원이 어느 날 깨끗해진 사무실을 보면 새삼 기분 좋은 상쾌함을 느낄 수 있습니다. 그러고는 '1년이나 청소를 계속하다니 나도 대단해!'라며 스스로에 대해 자긍심이 생길 수도 있습니다. 비록 시켜서 한 일이었다 해도 그 안에서 자기만족을 얻게 된다면 이야기는 달라집니다. 이처럼 긍정적인 감정을 느낄 수 있다면 지금까지 해왔던 시간은 의미 있는 시간이 됩니다.

시간을 어떤 감정으로 채울까?

———

무엇인가에 열중해 있을 때 시간은 빠르게 지나갑니다. 좋아하는 일을 하거나 취미활동을 하며 즐기는 시간을 생각해보세요. 재미있는 영화를 보고 있으면 러닝 타임 2시간이 순식간에 스쳐간 것만 같습니다. 몰두해서 그림을 그리거나 노래를 부르는 시간도 무척 짧게 느껴집니다. 몰입해서 온전히 즐겼기 때문이죠. 친한 친구들과 만나 점심을 먹으며 수다를 떨다 보면 금세 해가 기웁니다. 좋아하는 사람과 사랑을 나누며 보내는 시간 역시 짧게 느껴지기는 마찬가지입니다.

이에 비해서 억지로 하는 일은 시간의 흐름을 더디게 합니다. 실제 시간이 더디게 흐르는 게 아니라 그렇게 느껴지는 것이죠. 접대를 위한 거래처와의 술자리, 업무 수행을 위해 싫은 사람과 함께하는 시간, 좀처럼 오지 않는 버스를 기다리는 일, 용량이 큰 파일 다운로드하기 등.

이럴 때는 그 시간이 빨리 흐르기만을 기다리게 되고, 지루해지거나 슬쩍 짜증이 나기도 합니다. 시간의 질은 '수동적'이 아니라 '능동적'일 때 높아집니다. 왜냐하면 주체적, 능동적으로 임할 때 사람들은 기분이 좋아지기 때문이죠.

어린아이가 놀이에 열중하듯이 그저 '하고 싶다'는 기분만으로 움직인다면 '기쁘다', '즐겁다' 같은 긍정적인 감정들만 들겠지요. 하지만 어른이 되어서 사회생활을 하다 보면 수동적이어야 하는 경우가 많습니다. 원하지 않지만 해야 하는 일, 시키니까 처리해야만 하는 일들이 있으니까요.

매일 같은 시간에 회사에 가야만 하고, 회사 방침에 따라야만 하며, 싫은 사람과도 만나야 합니다. 자기가 좋아하거나 원하는 일만 할 수 없기에 기대와 현실이 괴리되는 일이 무척 많습니다.

TV 뉴스를 보면 화가 나거나 마음 아픈 일들을 접하게 됩니다. 온갖 비극적인 사건과 끔찍한 일들로 가득하지요. 부정적인 감정을 한껏 불러일으킵니다. 우리 삶에는 부정적인 감정이 들게 하는 요인이 항상 존재합니다. 잘 생각해보면 짜증스럽고 답답한 상태에 놓이는 경우가 꽤 있습니다.

다양한 감정들이 얼마나 오래 지속되는지, 그 시간을 분석한 연구가 있다고 합니다. 연구결과에 따르면 사람의 감정 중 가장 오래도록 지속되는 것은 '슬픔'과 '강한 혐오감'이라고 합니다. '기쁨'과 '안도감' 같은 긍정적인 감정보다도 지속 시간이 훨씬 길다고 합니다.

소중한 사람을 잃은 상실감과 격한 증오의 감정은 마음속에 남아 끈질기게 오래도록 머무는 감정입니다. 부정적 감정에 사로잡혀 있을 때는 행복을 느끼기 어렵습니다. 즉 행복한 시간을 놓치고 있는 것이죠. 분노나 증오, 미움의 감정 때문에 일이 손에 잡히지 않는 경험을 해봤을 겁니다. 혹은 감정에 휘둘려 냉정을 잃고 좋지 않은 선택을 하는 경우도 있습니다. 이는 모두 시간을 잘못 보내는 경우입니다.

미움, 괴로움, 분노, 불안을 떨쳐내기 위해 노력하느라 많은 시간을 할애하는 경우도 있습니다. 부정적 감정을 없애느라 애쓰는 동안 행복하고 즐거운 감정은 멀리 달아나버리죠. 그래서 의도적으로라도 긍정적 감정을 만들어내고 부정적 감정을 가능한 한 빨리 몰아내는 '감정 정리'가 필요합니다.

결코 어렵지 않습니다. 시간이 주관적이듯 감정도 주관적입니다. 중요한 것은 자신이 어떻게 받아들이는가에 따라 감정이 바뀌고 시간의 질도 바뀐다는 것이죠. 즉, 내가 선택하고 통제할 수 있다는 겁니다. 자신이 만들어내고 있으므로 스스로 삭제하거나 떼어놓을 수도 있습니다.

우선 하루 한 번이라도 '오늘은 어떤 기분으로 지냈는가'를 생각해보세요. 자신의 기분이나 감정 상태를 지나치지 않고 점검하는 것은 좋은 습관입니다. 만일 기분이 울적하거나 다운돼서 별로였다면 좋은 기분으로 보내기 위한 행동을 선택하는 노력이 필요합니다.

부정적 감정이 든다면 조금이라도 밝은 방향으로 나아가는 노력을 해야 합니다. 안 좋았던 지난 일을 되새기며 끙끙대고 있다면 빨리 털어내야 합니다. 짜증나는 감정으로 일주일을 보낸다면 당신은 그 시간만큼 인생을 낭비한 것입니다. 그러니 부정적인 감정에 시간을 너무 많이 내어주지 마세요.

어쩔 도리가 없는 일, 내 노력으로 바뀌지 않는 일은 빨리 잊어야 합니다. 짜증이 난다면 짜증난다는 감정에서 벗어나도록 해봅시다. 그렇게 작은 변화와 선택을 통해서 순간이 달라지고, 하루가 달라지며, 인생 전체가 달라질 수 있습니다.

🕐 죽을 때 후회하지 않는 시간 습관

매일을 기분 좋게 보내기로 한다

겁쟁이 감정과
사이좋게 지내는 연습

—

앞서 시간과 감정을 받아들이는 방법은 주관적이라고 했습니다. 하지만 한편으로는 객관적인 시각도 유지할 필요가 있습니다. '감정'과 '이성'은 별개입니다. 감정에 지나치게 매몰돼 있을 때는 이성이 힘을 발휘해야 합니다.

감정은 겁 많은 강아지 같은 것

우리는 마음속에 '감정'이라고 하는 조금은 겁이 많은 생명체를 기르고 있습니다. 그것을 '강아지'라고 가정해보죠. 그 강아지는 위험한 존재를 바로 알아차리고 무서워합니다. 상대가 자신을 상처 입힐 사람이라고 느끼면 제어불능 상태가 됩니다. 무서워서 짖으며 뛰어다니거나 공격적이 되지요. 하지만 좋아하는 사람을 만나면 꼬리를 흔들며 반가워하고, 신뢰할 수 있는 사람은 잘 따르기도 합니다.

그처럼 단순하고 사랑스러운 강아지를 길들이는 것은 바로 당신입니다. 강아지의 기분에 충분히 귀를 기울여서 '아니야, 그렇게 무섭지 않아'라고 알려주면 됩니다.

하지만 감정은 살아 있는 생명체이기 때문에 바로 제거할 수는 없습니다. 쉽사리 화가 가라앉지 않는다거나, 마음에 응어리진 감정이 잘 풀리지 않는 경험을 다들 해봤을 겁니다.

이성은 냉정해지고 싶다고 하는데도 감정은 통제되지 않은 채 폭주합니다. 그럴 때는 왜 이렇게 싫은 기분이 들고, 왜 이렇게 화가 나는지 그 이유를 알려줘야 합니다. 그러면 마음의 술렁임이 어느 정도 가라앉고 감정도 진정됩니다.

싫고, 불편하고, 화나는 기분이 드는 것은 자신한테 '상황이 좋지 않은 일'이 있기 때문입니다. 예를 들어 '왠지 힘든 일은 나한테만 시키는 것 같다'거나 '집안일은 전부 나 혼자서만 한다'거나. 그럴 때는 자신도 모르게 화가 나서 주변 사람에게 냉랭해지거나 까칠해집니다. 감정이 격해지면 아무런 상관이 없는 사람에게 화를 표출할 수도 있고, 엉뚱한 일로 부딪칠지도 모릅니다.

이럴 때 그런 감정을 느끼는 자신을 무조건 나무라거나 몰아세울 필요는 없습니다. 자신의 속마음이 어떤 상태인지 확실하게 알고 있으면 됩니다. 그런 다음에는 감정에만 취할 게 아니라, 이성을 발휘해서 자신에게 왜 그런 일이 생겼는지를 생각해보는 겁니다. 그런 식으로 감정에서 한 발짝 떨어지면 문제의 원인이 보이고, 감정이 술렁이게 된 이유 역시 명확하게 보이게 되죠.

'내가 일을 빠르게 처리하니까 나한테 일을 맡기는구나', '저 사람은 원래 말을 함부로 하는 사람이군. 내게만 일부러 그렇게 말한 건 아니었어' 하며 문제를 조금 객관화할 수 있습니다. 마음이 어느 정도 진정되고 나면, 어떻게 해야 그 문제들을 해결할 수 있을지를 고민할 여유가 생기면서 발전적인 기분이 듭니다.

'나한테 이런 일이 생긴 걸 받아들일 수 없어'라며 무조건 거부하다 보면 진전이 없는 상태로 나쁜 감정에 휩싸이게 됩니다. 하지만 '그래, 일단 나한테 이런 일이 생긴 걸 받아들이자'라며 상황을 받아들이고 나면 마음이 편해지며 평온한 시간이 돌아옵니다.

마음 속 강아지가 신뢰할 수 있는 주인이 되자
―――

감정에 따라 말하고 행동하는 것이 아니라 말과 행동에 따라 감정이 뒤쫓아갑니다. 자주 웃으면 어느새 마음도 밝아지고, 자꾸 짜증스런 말을 하면 정말 짜증이 나는 것처럼 말이죠.

'상황이 나쁜 일'의 이면에는 반드시 '상황이 좋은 일'이 있습니다. 감정이 폭주하고 있을 때는 그 감정에만 취해 다른 것은 보이지 않습니다. 애초에 모든 생물은 살아가기 위해서 '상황이 좋은 일'보다 '상황이 좋지 않은 일'에 예민해집니다. 즉 위험을 알아차릴 수 있게 타고났다고 합니다.

그래서 감정은 약간 겁쟁이기도 합니다. 좋지 않은 일에서 자신을 보호하려 과잉반응을 하는 것이죠. 하지만 부정적인 감정이 있기 때문에 오히려 긍정적인 감정을 깊이 맛볼 수도 있습니다. 어두움 후에 찾아오는 빛이 더 밝게 느껴지듯이 말입니다.

감정이 쉽사리 진정되지 않을 때는 초조해하지 말고 '시간이 해결해줄 것'이라는 느긋함을 품어보는 것도 좋습니다. 모든 감정은 변하게 되어 있으니 그 감정에 시간을 조금만 허락하세요. 그러면 부정적인 감정에 휘둘려 시간을 낭비하는 일도 줄일 수 있게 됩니다.

자신의 감정은 자신의 책임입니다. 스스로 감정을 제어하고 다스리겠다는 의지가 필요합니다. 당신 마음속 '강아지'가 신뢰할 수 있는 슬기로운 주인이 되어주세요.

🕐 **죽을 때 후회하지 않는 시간 습관**

'부정적 감정'은 스스로 해결하기로 한다

바쁘다고
열심히 사는 것은 아니다

—

'시간이 없다.'

이는 현대사회를 살아가는 대부분의 사람들이 습관처럼 하는 생각이며, 습관처럼 내뱉는 말입니다. 휴가를 낼 틈이 없고, 여행할 시간이 없고, 잘 시간이 없고, 가족과 느긋하게 대화할 시간이 없습니다. 이런 식으로 늘 시간이 부족합니다.

두려움을 회피하기 위해 바빠야만 하는 사람들
—

그런데 이쯤에서 의문이 듭니다. 정말 그렇게 바쁜 걸까요? 진짜 시간이 부족한 걸까요? 다른 일들을 뒤로 미루고 지금 우선시하고 있는 일들이 정말로 중요한 일일까요? '다들 그러니까' 혹은 '어쩔 수 없으니까'라는 이유로 시간에 쫓기는 삶을 변명해도 괜찮은 걸까요?

어째서 우리는 '시간이 없다'는 생각에 지배당하는 걸까요? 단순하게 말하자면, 많은 것을 지나치게 가득 채워 넣고 있기 때문입니다. 사회생활을 하다 보면 그 구성원으로서 '해야만 한다'고 느끼는 일이 계속해서 몰려듭니다. 그것을 잘 완수해 낼 때 일종의 성취감과 쾌감이 생긴다는 사실을 부정할 수 없습니다. 타인에게 좋은 평가를 받거나 능력을 인정받는 것은 일종의 쾌감을 줍니다. 자기의 존재가치가 증명된 듯한 느낌을 주니까요.

자기계발서나 성공을 부르짖는 책들에는 시간의 효율적 활용에 관한 글이 넘쳐납니다. '1분 1초라도 시간을 낭비하지 않는다', '남보다 많은 일을 빨리 한다' 등. 시간을 분초 단위로 나누며 최소의 시간에 최대의 일을 하며 바쁘게 사는 것이 제대로 사는 삶인 것처럼 부추깁니다.

이는 일을 벗어난 사생활에서도 이어집니다. 휴식과 자기계발, 취미생활, 여행, SNS 활동, 타인과의 교류 등 많은 일정을 최대한 빠르게 소화하며 지내야 알차게 살고 있다며 안심합니다. 그래야 인생을 낭비하지 않고 충실하게 살고 있다고 생각하는 것이죠.

그러나 그것은 마음 깊은 곳에 '바쁘게 지내지 않는 것'에 대한 초조함과 죄책감, 고독감, 공허함 등의 '두려움'이 있기 때문입니다. 진정 자신의 마음이 원하는 일을 하면서 바쁘게 지내는 것이라면 괜찮지만, '두려움'을 피하기 위해서라면 재점검할 필요가 있습니다.

그토록 시간을 쏟아야 할 만큼 중요한 일도, 좋아하는 일도 아닌데 매사 바쁘게 지낸다면 그것은 일종의 강박 때문입니다. 시간을 낭비하고 있다는 불안감과 두려움을 회피하기 위해 중독적으로 바쁘게 지내는 것이죠. 이런 식이라면 마음의 만족을 얻기는커녕 마음이 지치게 되고 공허함이 찾아오게 됩니다. 자신을 몰아붙이며 지나치게 일한 결과 찾아오는 '번 아웃 증후군'도 이와 비슷합니다.

바쁘게 지내도 시간을 낭비할 수 있다

사람들은 '중요하지는 않지만 긴급한 일'을 우선시하는 경향이 있습니다. '중요하지만 긴급하지 않은 일'은 뒤로 미루고요.

건강과 관련된 시간, 소중한 사람과의 시간, 하고 싶은 것을 하는 시간, 좋아하는 것을 배우는 시간 등은 중요합니다. 하지만 이런 일은 기한이 설정되어 있지 않을 경우 무한정 뒤로 미루고, 기한이 있는 일을 먼저 해버립니다.

긴급하다고 여겨 매일 바쁘게 수행하고 있는 일들에 대해 곰곰이 살펴봅시다. 이 중에는 의외로 '해야만 하는 일'이 아니라 '하지 않아도 되는 일'이 많습니다. 무의미하게 시간을 갉아먹는 일들 말이죠.

늘 일이 많아서 시간에 쫓기고 바쁘다고 여긴다면 자신의 마음을 잘 살펴본 뒤 숙고해봅시다. '이 일을 정말로 해야 하는가? 지금 필요한 일인가?'를요. 그리고 '정말로 하고 싶은 것'을 맨 먼저 할 일로 넣어주세요.

많은 사람들이 '시간을 낭비하지 않는다'는 것의 의미를 오해하고 있습니다. 시간을 낭비하지 않는 것은, 많은 일을 하는 것이 아닙니다. 쓸데없는 것에 쓰는 시간을 없애고 중요한 일에 시간을 쓰는 것입니다. 할 것을 늘리는 것이 아니라 오히려 줄여야 하죠. 이는 복잡화된 현대사회를 살아가는 우리들에게 주어진 과제입니다.

인생을 낭비해선 안 된다는 강박으로 이것저것 불필요한 일을 늘려 바쁘게 살아서는 안 된다는 뜻입니다. 정말 자신에게 필요한 것, 중요한 것을 해야 합니다. 그러면 두려움을 덜기 위해 불필요한 일에 시간을 허투루 쓰는 상황에서 벗어날 수 있습니다.

🕐 **죽을 때 후회하지 않는 시간 습관**

> 그 일이 정말로 필요한지
> '자신의 마음'을 기준으로 살펴본다

정보에
휘둘리지 않는다

—

얼마 전 어느 고등학교 선생님이 이런 말을 했습니다.

"요새 고등학생들은 대부분 스마트폰을 가지고 있고 평균적으로 매일 1시간 이상 집에서 스마트폰을 들여다보고 있어요. 그래서 공부 시간과 수면 시간을 확보하는 것이 중요하죠. 불과 20년 전만 해도 TV 게임의 전성기였습니다. 하지만 지금은 스마트폰이 그 자리를 대신하고 있죠. 하루 종일 스마트폰을 붙들고 사는 Z세대에게는 시간을 관리하는 의지력이 더욱 필요합니다."

제대로 공부를 하고 있느냐고 묻는 선생님의 질문에 학생들은 "네, 착실하게 공부하고 있어요. 스마트폰은 시간을 정해서 사용하고 있습니다"라고 답했습니다.

그 학교는 학생들을 유명 대학에 진학시키는 비율이 높은 학교로 알려져 있습니다. 학생들은 공부뿐만 아니라 스포츠도 열심히 합니다. 요즘 학생들은 친구들과의 소통뿐 아니라 게임, 정보 검색, 동영상 시청 등 많은 것들을 스마트폰으로 하고 있습니다. 해서 사용시간을 줄여야 한다고 생각하면서도 나름의 갈등이 있을 겁니다.

너무 많은 정보는 없는 것만 못하다
——

성인들이 업무 시간 외에 인터넷과 SNS를 사용할 때 고등학생들처럼 외부적으로 시간 제한을 두지 않습니다. 스스로 시간 관리를 하지 않는 한 얼마든지 쓸 수 있죠. 전철 안에서 사람들 전부가 스마트폰 화면을 들여다보고 있는 광경은 이제는 당연한 듯이 펼쳐지고 있습니다.

스마트폰에서 다양한 정보를 신속하게 얻다 보면 약간의 쾌감이 따릅니다. '많은 정보를 얻는 것이 업무와 생활에 필요하다'고 생각하거나 '정보야말로 자산'이라 여기는 사람도 많습니다. 조금이라도 많은 정보를 얻어 뒤처지지 않으려는 마음에 여기저기 접속하는 사람도 있겠지요.

심지어 그 약간의 쾌감은 거의 공짜로 얻을 수 있습니다. 그러다 보니 한번 인터넷 서핑을 시작하면 여기저기 링크를 타고 들어가 계속 머물게 되지요. 그래서 '스마트폰이 없으면 왠지 불안하다', '혼자 있으면 무심코 스마트폰을 보게 된다'고 하는 이른바 인터넷 중독에 빠지는 경우도 생깁니다.

한편으로는 웹상에서 일어나는 일이나 정보들에 의해 마음이 동요하는 일도 생깁니다. 기다리고 있는 이메일 답장이 좀처럼 오지 않으면 기다림에 초조해집니다. 연예인의 시시콜콜한 일상이 뉴스에 등장할 때면 '이런 것까지도 뉴스가 되는 거야?' 하는 생각에 위화감과 짜증이 나기도 합니다.

더러는 타인이 SNS에 올린, 한껏 포장되고 꾸며진 글과 사진을 보면서 상대적으로 초라해 보이는 자신의 모습에 괜히 씁쓸해지기도 합니다. 혹은 저급한 내용의 게시글을 보고 허탈해지거나 기분이 상하기도 하지요.

저는 책을 쓰고 있을 때는 SNS와 블로그를 멀리하려 애를 씁니다. 그럼에도 우연히 접속해서 블로그를 보게 되면 자주 업데이트를 하지 못했다는 생각에 괜한 죄책감이 듭니다. SNS에 코멘트를 달아주는 분이 있으면 답글을 써야 한다는 초조함도 생겨납니다.

하지만 이런 반응들이 스트레스가 될 정도라면 하지 않는 것이 좋습니다. SNS에 글을 올리는 것도 답글을 다는 것도 내 속도대로 해야 합니다. 거기에만 너무 매몰돼 있거나, 그것이 일상을 방해할 정도로 부담이 된다면 자제하는 것이 좋습니다.

모든 선택의 중심은 내가 돼야 한다

게다가 입력되는 정보의 양이 무조건 많은 게 좋은 것은 아닙니다. 정보가 늘면 마음뿐만 아니라, 뇌가 그 정보를 처리하기 위해 계속 움직여서 몹시 피곤해집니다. 그다지 중요하지도 않은 정보를 일일이 검색하고 모으느라 시간을 쓰면 에너지만 소비할 뿐 충실한 만족감을 얻지는 못하죠. 그리고 정보 과부하의 가장 큰 폐해는 '올바른 선택을 하지 못하게 되는 것'입니다.

예를 들어 어떤 미용법이 좋은 방법으로 소개되어 있다고 해봅시다. 그런데 전문가가 나타나서 실은 그 방법이 좋지 않다고 하면 어떨까요? 어떤 미용법이 좋은 것인지 갑자기 판단하기 더 어려워집니다. 이사람 저사람 말에 휘둘리면서 정보의 과잉으로 인해 점점 혼란스러워집니다.

정보가 많다고 좋은 것은 아닙니다. 마찬가지로 선택지 역시 많다고 좋은 것은 아닙니다. 많기 때문에 오히려 판단하기 어려워지고 선택하는 데 방해가 됩니다. 그렇게 주어지는 정보를 일방적으로 수용하는 행위는 사람을 굉장히 수동적으로 만듭니다. 그야말로 정보의 폭포수에 질색해 스스로 생각하고, 판단하고, 느낄 기회를 잃어버리는 것이죠.

어떤 선택을 할 것인지, 그 답은 늘 자기 안에 있습니다. 자신이 진정으로 원하는 것, 진정으로 좋아하는 것은 자기 자신이 가장 잘 알기 때문이죠. 그러니 정보는 내가 원하는 것을 선택할 때 약간의 도움을 주는 보조적인 지원 도구 정도로만 여겨야 합니다. 무슨 일이든 가장 중요한 것은 늘 자신이 중심이 되어야 한다는 사실입니다.

🕐 **죽을 때 후회하지 않는 시간 습관**

'마음이 동요한다'고 느낀다면 정보를 멀리한다

물건에
휘둘리지 않는다

—

'물건'과 '시간'은 얼핏 보면 아무 관계도 없는 것 같지만 아주 긴밀한 관계가 있습니다. 물건을 소유한다는 것은 그만큼 시간을 빼앗기게 된다는 뜻입니다. 물건이 늘어나면 필연적으로 그것을 생각하는 시간, 걱정하는 시간이 늘어납니다.

주객전도, 물건이 우리의 주인이 되다

—

물건을 사러 가면 원하는 것을 고르는 시간이 필요합니다. 그뿐 아니죠. 물건을 관리해야 하는 시간도 필요합니다. 집에서 그 물건이 바로 보이지 않을 때 찾느라 또 시간이 들어갑니다. 어떤 물건을 어디에 뒀는지 기억이 가물가물하고, 도무지 찾아지지 않아 집 안을 뒤지다가 지쳐 마음까지 소모된 경험은 누구라도 있을 테지요.

이처럼 물건이 늘어난다면 이 모든 시간들도 늘어날 수밖에 없습니다. 우리가 물건을 컨트롤하는 것이 아니라 물건에 컨트롤을 당하게 되고 맙니다. 그러나 제가 여러분께 말씀드리고 싶은 것은 좀 더 본질적인 문제입니다.

우루과이의 호세 무이카 전 대통령이 이런 명언을 남겼습니다.

"사람은 물건을 살 때 돈으로 사는 것이 아닙니다. 그 돈을 모으기 위해서 인생을 할애한 시간으로 사고 있는 겁니다."

우리들은 분에 맞지 않는 고급 아파트와 차를 사기 위해서 일하는 시간을 도대체 얼마나 제공하는 것일까요. 혹여 대출이 있어서 일을 그만두고 싶어도 그만두지 못하는 경우나, 경제적 문제로 이혼을 미루고 있는 상태라면 그냥 간과할 일이 아닙니다. 이처럼 인내를 억지로 강요당하는 상태가 되면 소중한 시간을 더욱 더 잃어버리게 됩니다.

무이카 전 대통령이 일본을 방문했을 때의 일입니다. 넥타이를 매지 않는 그의 철학에 대한 질문을 받자 그는 다음과 같이 견해를 밝혔습니다.

"개인적으로는 간소한 삶, 검소한 삶, 물건을 부둥켜안지 않는 인생이 좋다고 생각합니다. 그런 삶은 정말로 제가 하고 싶은 일을 할 시간이 늘어난다는 것을 의미합니다. 제게 있어서 복잡한 삶이란 차나 그 외의 물건을 새로 사서 바꾸는 삶입니다. 삶에는 넥타이보다 더 중요한 것이 있어요."

현대사회는 사람들에게 끊임없이 물건과 서비스를 제공하며 소비를 부추기는 자본주의 사회입니다. 우리는 물건과 서비스를 제공하는가 하면 한편으로는 그것을 소비하느라 시간을 바쁘게 쓰고 있죠. 원하는 것을 갖기 위해 돈이 필요하고, 돈을 벌기 위해 노동에 한층 더 많은 시간을 씁니다. 그러나 사야 할 물건과 서비스는 자꾸 자꾸 늘어납니다. 그에 따라 우리는 계속해서 시간을 잃어버리게 됩니다.

소유한 물건이 행복을 대변하지 않는다

물론 물질적인 풍요가 무조건 나쁘다는 의미는 아닙니다. 풍요로움 자체를 부정하고 싶지도 않습니다. 그러나 문제는 그것이 진정으로 인생을 제대로 충족시켜주느냐 하는 것입니다.

끊임없이 물건을 사들이며 소비해도 마음은 늘 공허하고, 우리가 사야 할 것들은 계속 새롭게 나타납니다. 채워도 채워지지 않는 구멍 난 독과 같달까요.

이때 중요한 건 계속 소비를 늘리는 게 아니라, 만족할 줄 아는 지혜입니다. 많은 물건을 소유하고 있어도 여전히 채워지지 않는 것 같단 생각에 무언가가 더 필요하다고 느끼면, 그 마음은 빈곤해집니다. 반면 분에 맞는 삶을 살고 있다면 마음은 풍족해집니다. 돈을 버느라 바빠서 정말 하고 싶은 일에 시간을 쓰지 못하는 우를 피해갈 수도 있고요.

간소하게 생활하면 마음의 기쁨과 성장을 깊이 맛볼 수 있게 됩니다. 그리고 자기가 정말로 원하는 것과 자신이 누리고 있는 혜택을 깨달을 수 있습니다.

소유하고 있는 물건을 줄이라거나 무조건 소비를 하지 말라는 게 아닙니다. 무분별한 집착을 버리라는 뜻입니다. 사람마다 '이것만은 곁에 두고 싶다'고 여기는 것이 있어요. 물건이나 소비에 대해서도 자기 나름의 원칙과 기준을 갖고 있다면 적정선에서 기분 좋은 소비를 할 수 있습니다.

만일 이것저것 물건을 사들이는 것으로 공허함을 달래려 한다면 거기서 빨리 벗어나야 합니다. 괜히 마음이 허전해서, 혹은 남들 눈에 보여질 것을 의식해서, 혹은 습관적으로 과도한

소비에 집착하고 있지는 않은지 돌아봅시다.

지금 소유하고 있는 물건이 당신의 행복을 대변하지 않습니다. 물건에 지배되는 삶이 아닌 나 자체로 가치 있는 삶을 선택하세요. 우리는 소유한 물건이 아니라 우리 자체로 소중한 존재니까요.

🕐 **죽을 때 후회하지 않는 시간 습관**

외부 시선을 떨쳐내고 분에 맞는 생활을 한다

더 기분 좋은 쪽을
선택한다

—

'어느 쪽이 이익일까'라며 손익을 따지지 말고 '어느 쪽이 기분이 좋을까'라며 감정을 따져봅시다. 그런 선택이 삶을 더욱 풍요롭게 합니다. 눈에 보이는 척도보다 눈에 보이지 않는 척도가 예상 외로 정확할 때가 있습니다.

손익을 따지면 진심으로 이어지지 못한다

—

이런 예를 들어볼까요. 썩 마음에 들지 않는 사람이 있는데 그는 상당한 부자입니다. 좋아하는 마음은 없지만 그와 사귀면 경제적인 면에서는 상당한 이익이 된다는 계산이 나옵니다. 그래서 그와 사귄다면 어떨까요?

원치 않는 사람과의 만남이 결코 행복을 안겨줄 리 없습니다. 싫은 감정을 숨기고 상대에게 잘 보이기 위해 거짓으로 미소를 짓거나, 관심도 없는 이야기를 들어준다고 해봅시다. 가짜 감정과 행위들에 지쳐 금세 녹초가 되고 맙니다.

그뿐 아닙니다. 원하는 게 있어 애써 참고 뭔가를 해주었는데, 그에 대한 보답이 없으면 실망하게 되는 법입니다. 그런 식으로 손익을 따지면서 교제를 하는 사람 주변에는 비슷한 사람만 모여듭니다. 진심이 아닌 계산속은 남들 눈에도 보이게 마련이니까요.

상대가 좋으니까 사귀고, 사귀고 싶으니까 사귄다는 단순하고 순수한 감정으로 움직이는 사람들 주변에는 역시나 그런 사람들이 많이 모여듭니다. 계산보다는 마음과 정신으로, 억지 감정보다는 진심으로 이어질 수 있는 사람들이 서로를 알아보는 거죠.

'상대가 좋아해주길 바라'며 진실한 마음으로 친절한 행동을 하는 것이므로, 상대에게서 보답을 바라는 일도 없거니와 실망하는 일도 없습니다. 그저 좋아하는 사람과 함께할 수 있다는 것만으로도 행복합니다.

일에 대한 즐거움은 손익으로 따질 수 없다

———

생각해보면 저는 글 쓰는 일에 있어서는 손익을 따져서 선택한 적이 없습니다. 직장에 다닐 때는 시급이 높다거나, 집에서 가깝다는 이유로 선택한 적은 있었지만요. 경제적으로 어려웠던 자유기고가 시절에도 경비가 부족하거나 터무니없이 빠듯한 마감일정을 제시해도 굳이 따지지 않았습니다. 오직 내가 하고 싶으니까 한다는 감정을 중심에 두고 결정해왔습니다.

'하고 싶은 일이 아니면 일의 결과가 좋지 못하다' 혹은 '손익을 따져서 일을 선택하면 오래가지 못한다'라는 것을 직감적으로 느꼈던 것일지도 모릅니다.

하고 싶은 일이었으니 아무리 열심히 해도 딱히 피곤하지 않았습니다. 자연스럽게 몸이 움직여서 몰두하고 있는 사이에 성장도 할 수 있었다고 생각합니다. 그 당시 함께 일했던 편집자들과는 10년이 지난 지금까지도 만남을 이어오고 있습니다.

동료 작가 중에는 교통비가 나오지 않으면 일을 할 수 없다며 거절하거나, 작업 단가가 맞지 않으면 계약금을 다시 협상하는 경우도 있었습니다. 무리한 요구를 쉽게 들어주면 상대는 계속해서 그런 요구를 할 거라며 친절하게 조언을 해주는 사람도 있었습니다.

그런 사람들이 모두 글 쓰는 일을 그만둬버린 것은 편집자
와의 인간적인 관계가 지속되지 않았기 때문입니다. 하지만
그보다는 손익을 따져서 일을 결정했기 때문에 일 자체가 주
는 즐거움을 외면한 것이 문제였죠. 손익의 계산과 일에 대한
감정 사이에 큰 괴리가 있었던 겁니다.

하고 싶은 일과 하고 있는 일을 일치시켜라
————

앞서 '감정을 이성으로 길들인다'는 이야기를 했습니다. 하지
만 감정이 이성보다 현명할 때도 있습니다. 감정을 무시하거
나 가벼이 여겨서는 안 됩니다. 경제시장과 기업경영 등에 있
어 다양한 분석이나 계산은 중요하지만, 때론 직감이 가져다
주는 감정이나 느낌이 훨씬 더 솔직하고 옳은 경우도 있기 때
문입니다.

진정한 풍족함이란 경제적인 풍족함이나 물질적인 풍족함
보다도 하고 싶은 것을 할 때, 혹은 좋아하는 사람과 함께할
때 찾아옵니다. 행복과 만족감이 충만한 그 시간만큼 풍요로
운 시간이 있을까요.

내가 '하고 싶은 것'과 내가 '하고 있는 것'을 일치시키면 풍

족한 시간을 만들 수 있습니다. 즉 마음과 행동을 일치시켜야 합니다.

자신의 마음에 따라 선택하면 설사 일이 잘 풀리지 않았다 해도 결과를 다른 누군가, 다른 무언가의 탓으로 돌리지 않습니다. 자신의 선택이기에 자신이 책임을 지고, 더 좋은 결과를 만들기 위해 어떻게 해야 할지를 고민하며 적극적으로 나아갈 수 있습니다.

만약 지금 '하고 있는 일'이 '하고 싶은 일'이 아니라면 시간을 뺏기고 있다는 느낌이 계속 이어지겠지요. 하고 싶은 일로 바꿀 것인가, 아니면 현재 하는 일을 좋아하기 위해 노력할 것인가를 두고 고민해야 합니다.

'하고 싶은 일을 하고 있다'는 느낌은 사소한 손익을 넘어 인생에 풍요로운 만족감을 가져다줄 것이기 때문입니다.

🕐 **죽을 때 후회하지 않는 시간 습관**

'하고 싶은 일'과 '하고 있는 일'을 일치시킨다

목적의식을 갖고
시간을 쓴다

'자신의 소중한 것'을 우선하는 규칙

당신이 하고 싶은 것은
무엇입니까

늘 바쁜 사람들의
3가지 유형

───

대부분의 사람이, 시간이 없다는 말을 자주 합니다. 굳이 말로
하지 않아도 그런 생각을 하는 경우가 많습니다. 시간이 없다
고 말하는 사람은 대체로 소나무 유형, 대나무 유형, 매화나무
유형 이렇게 3가지로 구분합니다.

하고 싶은 일이 너무 많아서 바쁜 소나무 유형
───

소나무 유형은 하고 싶은 일이 너무 많아서 시간이 없는 사람
입니다. 이 유형은 호기심과 성장의 욕구가 왕성해서 이것저

것 하고 싶은 일이 많고 그 일을 다 해야 하니 늘 시간이 모자랍니다.

무엇인가에 대해 쾌감을 얻으려고 바쁜 상황을 만들어내고 있지만 아무리 애를 써도 하루는 24시간입니다. 주어진 시간은 한계가 있기에 '저것도 하고 이것도 하는' 상황에서는 양질의 쾌감은 얻을 수 없습니다.

의식적이든 무의식적이든 인간이 행동을 하는 동기는 '쾌감'을 얻거나 '불쾌감'을 피하기 위한 것입니다. 두 가지가 혼합된 경우도 있습니다. 많은 것을 한꺼번에 해내려는 마음 때문에 조급해지면 우선순위를 제대로 정하기 어렵습니다. 혹은 과욕을 부리다 몸의 컨디션을 무너뜨리는 일도 생기므로 주의해야 합니다. 진정 원하는 것을 제대로 하기 위해서는 포기하는 것도 필요합니다.

정말 중요한 것, 꼭 하고 싶은 것을 가장 우선으로 하고 나중에 할 수 있는 일은 조금 미뤄둘 필요도 있습니다. 시간이 조금 흐르고 나면 또 그때에 하고 싶은 일이 생길 수도 있습니다. 사람의 마음도, 감정도, 원하는 것도 변하게 마련이니까요. 그러니 마음이 이끄는 대로 모든 것을 다 할 수 없을 때는 지금 가장 하고 싶은 것이 무엇인지 생각하고 그것을 선택해야 합니다.

바쁜 삶을 충실한 삶과 동일시하는 대나무 유형

그다음은 대나무 유형으로, 하루하루를 충실하게 보내려고 애쓰기 때문에 시간이 없는 사람입니다. 이 유형은 정신적인 압박도 잘 받지 않으며 비교적 마음의 여유를 가진 사람이 많습니다. 세미나에 참석하거나 뭔가를 배우려고 여기저기 다니면서 바쁘게 지내거나 열심히 인맥을 넓히는 활동을 합니다. 또 다양한 건강법과 미용법을 시도해보기도 하며 SNS를 통한 교류와 블로그 업데이트에 상당한 시간을 들이기도 합니다.

얼핏 보면 하고 싶은 것을 하고 있는 듯 보입니다. 하지만 무의식 속에 '바쁘다는 것은 곧 충실한 삶'이라는 가치관이 들어 있습니다. 바쁘게 지내야 충실히 산 것 같다고 느끼기에 바쁘지 않으면 왠지 마음이 놓이지 않는 것이죠. 이런 사람은 약간의 여유 시간이 생겨도 어떻게 보내면 좋을지를 몰라 마음이 불편해져 또 일정을 채워 넣고 맙니다.

바쁘게 지내기 위해서 애써 일정을 만드는 것은 시간을 쓰는 현명한 방법이 아닙니다. 이런 식으로 불쾌감을 피하기 위해 애써 분주해지는 것으로는 제대로 된 쾌감을 느끼기 어렵습니다. 정말 그 일이 좋아서 한다기보다는 시간을 허투루 보내지 않으려 바쁘게 지내는 것이니까요.

과부하에 걸릴 정도로 많은 일정을 소화하려다 보면, 한 가지 일을 차분하게 즐기며 해낼 여유가 없어 모두 어중간하게 처리하기도 합니다. 강한 동기부여가 있는 것이 아니라서 성과도 나오기 어렵고 오래 지속되지도 않지요. 계속 달리고 있는 것 자체에서 쾌감을 느끼고 있기 때문에 나중에는 '뭘 하고 싶었던 거였지?'라고 생각하게 될 수도 있습니다.

이때는 멈춰 서서 자신을 돌아볼 필요가 있습니다. '무엇을 위해 이걸 하고 있는 것인가', '이 외에 방법은 없는가' 하고 목적과 수단을 재점검해야 합니다. 그러면 정말 해야 할 일, 하고 싶은 일의 우선순위를 정할 수 있을 것입니다.

습관적으로 바쁜 매화나무 유형

———

세 번째는 매화나무 유형입니다. 이 유형은 왠지 떠밀려서 하고 있는 것, 습관화되어 하고 있는 것 때문에 바쁜 사람입니다. 이들은 항상 업무가 바쁘고, 잡다하게 해야 할 집안 일이 많고, 여기저기 처리해야 할 일이 산적해 있습니다. 그래서 자신을 위한 시간, 가족과 함께할 시간, 느긋하게 보낼 시간이 없습니다.

일상에 휩쓸리고 시간에 떠밀려 살고 있는 이 유형은 어떤 위치나 어떤 연령층에서도 폭넓게 볼 수 있습니다. 실은 가장 많은 유형일지도 모릅니다.

정말 하고 싶은 일이 없을 수도 있고 또는 하고 싶은 일이 있어도 그 시간의 중요성을 충분히 이해하고 있지 못한 경우가 많습니다. 하지만 이런 유형의 가장 큰 문제는 '어쩔 수 없으니까', '모두 그러니까'라며 시간을 단념한다는 점입니다. 일상에 휩쓸리고 있으면서 강한 쾌감도 또 강한 불쾌감도 느끼지 않기 때문에 무심코 계속해서 바쁜 시간이 이어집니다.

자, 당신은 어떤 유형인가요? 우선은 그것부터 확인해보세요.

🕐 **죽을 때 후회하지 않는 시간 습관**

자신이 무엇 때문에 '분주'한지 그 이유를 찾는다

목적이 분명하면
길을 잃지 않는다

—

평범하게 바쁜 매일을 보내고 있던 회사원이 돌연 일을 그만두고 유학길에 오르는 일이 있습니다. 가사와 육아, 시간제 근무 등으로 시간이 없다던 사람이 공부를 해서 창업을 하기도 합니다. 혹은 장기 휴가를 얻어서 자격증 취득을 위한 강의를 듣거나 부모님 간병을 하러 가는 경우도 있습니다.

목적은 시간을 소중히 하려는 의지다
——

시간이 없다고 말했던 사람도 마음에 불이 붙으면 그 일을 한

달음에 해내곤 합니다. 그렇습니다. '시간은 있는' 것입니다.

어찌할 도리가 없어 바쁜 것이 아니라 스스로가 선택해서 바쁘게 지내는 것입니다. 하지 않고서는 못 배길 정도로 강렬한 열정을 느끼는 일이라면 시간은 반드시 주어지게 되어 있습니다. 그런 일이라면 어떤 일이든 결과가 어떻든 행복한 시간이라고 말할 수 있겠지요.

'하고 싶은 것이 없다'는 사람은 분주함에 매몰되어 자신의 마음이 보이지 않는 것일 수 있습니다. 매일 밤 잠들기 전에 '사실은 뭐가 하고 싶은 거지?'라고 자신의 본심에 질문하는 습관부터 만들어가는 게 어떨까 싶네요.

다만 하지 않고서는 못 배길 정도로 강렬한 열정을 가졌다고 해도 그 열정의 온도가 항상 계속되지 않는다는 게 문제입니다. 그것이 인간이라는 존재의 무상함이기도 하지요.

저도 글을 쓰지 않고는 견딜 수 없다는 마음으로 책을 쓰고 있지만, 그 동기부여가 줄곧 지속되는 것은 아닙니다. 마감일을 눈앞에 두면 '쓰고 싶다'보다도 '써야만 해'라는 마음이 선행하는 경우도 있고, 때론 지쳐서 에너지가 생성되지 않을 때도 있습니다.

좋아하는 일을 하는 사람이라 해도 출근하기 싫은 날, 힘들어서 참지 못할 것 같은 날, 지치는 날은 반드시 있지요. 그럴 때 필요한 것이, 무엇인가를 하고 있는 그 시간에 대한 '목적'입니다. 목적이 있으면 가는 길이 다소 힘들어도 다시금 기운을 낼 수 있고, 가야 할 곳이 분명하기에 덜 흔들립니다.

사람은 태어나고 언젠가는 죽습니다. 초목과 생물이 언젠가 생명을 다하는 것처럼 인간 역시 앞으로 전진하다 때가 되면 생을 마감합니다. 그러나 언젠가 생이 끝난다고 해도 또 살아가는 동안에는 나름의 최선을 다해야 하지 않을까요.

사회생활을 하는 인간은 본능대로 살아갈 수 없습니다. 이루고 싶은 꿈, 하고 싶은 일, 되고 싶은 어떤 모습 등 욕구도 있겠지요. 이처럼 앞으로 나아가기 위해서는, 또 하고 싶은 것을 이루기 위해서는 목적이 필요합니다. 목적을 갖는 것은 살아 있는 시간을 소중히 하기 위한 인간의 의지이자 희망이며, 지혜라고 생각합니다.

목적이 열정을 지탱한다
———

저는 마음에 그늘이 드리워지려 할 때면 책을 써온 최초의 목적을 상기시키는 장면 하나를 떠올립니다. 그것은 퇴근 후 집에 돌아가기 전 서점에서 제 책을 읽고 있는 한 사람의 모습입니다. 데뷔작을 쓰자고 생각했던 때에 꿈에 나왔던 장면이기도 하며, 어느 날 불쑥 현실이 된 장면이기도 합니다.

예전의 제가 그랬듯이 일하는 방식, 살아가는 방식에 대해 '이대로 괜찮은 걸까?'라고 막연하게 의문을 품고 있는 사람. '뭔가를 바꾸고 싶다'고 느끼면서도 발걸음을 내딛지 못하는 사람. '내 인생을 잘 살아내고 싶다'고 생각하는 적극적인 사람. 그런 사람들에게 책 속에서 말을 거는 한때를 위해 제가 글을 쓰는 시간은 존재합니다. 그런 장면을 떠올리면 또다시 쓰지 않고서는 견딜 수 없는 기분이 되살아납니다.

어떤 편집자는 '왜 일을 하고 있는가?'라는 질문에 '책이 완성된 순간 더 없는 행복을 느끼기 때문'이라고 말합니다. 어떤 여성 경영자는 '주부가 일하는 장소를 만들고 싶었기 때문'이라고 합니다. '손님이 맛있는 음식을 먹고 웃어주면 좋겠다'고 말하는 요리사, '지금 하고 있는 일로 실적을 쌓아서 성장하고 싶다'고 말하는 젊은 회사원도 있습니다.

제가 알고 지내는 싱글 맘들은 아이를 키우기 위해서 지금의 일을 하고 있다는 말을 자주 하는데 '아이를 위해'라는 것도 큰 열정이겠지요. 일에 대한 그 같은 열정적인 목적이 일하는 사람을 지탱해줍니다.

일뿐만이 아닙니다. 육아, 세미나, 취미활동 등 모든 시간에는 목적이 있습니다. '왜 이것을 하고 있는가?'라고 자기 자신에게 물어보고 목적을 재점검해봅시다. 그래야 길을 잃지 않으며, 소중히 여겨야 할 것과 포기할 것도 분별할 수 있게 됩니다.

목적은 가끔 꺼내서 갈고 닦아야 녹슬지 않습니다.

죽을 때 후회하지 않는 시간 습관

하고 있는 일의 '목적'을 분명히 한다

시간에도
목적의식이 있다

—

시간의 '목적의식'에 조금 더 생각해보도록 하지요. 한번은 어떤 대기업의 회의에 참석한 적이 있습니다. 그곳에서는 매우 방대한 자료를 제공했는데, 거기에 압도당했던 기억이 납니다.

그 일을 왜 하는지 목적을 명확히 인식하라
—

자료는 무척 공을 들인 것이었습니다. 회의에서 다룰 테마와 관계된 사안이 빼곡하게 적혀 있고, 오자나 탈자도 없는 완벽한 자료였습니다. 프레젠테이션 영상도 완벽했고 서열을 고려

한 좌석 배치도 완벽했으며 발표자들의 순서도 완벽했습니다. 각각의 입장을 고려해서 성실하게 하는 발언도 완벽했습니다. 나중에 보내온 의사록조차도 글자 하나 틀리지 않고 완벽했습니다.

그러나 하나부터 열까지, 이런 식으로 일을 한다면 늘 시간이 부족할 수밖에 없습니다. 본래 회의의 목적은 '중요한 사항을 결정'하는 것입니다. 그러니 본래 목적이 잘 달성될 수 있도록 진행하면 됩니다. 하지만 이런 식으로 하나부터 열까지 모든 것을 완벽하게 하려다 보면 회의의 본래 목적에서 벗어나 저마다 '실수 없이 일하는 것'에만 중점을 두게 됩니다. 주객이 전도되는 것이죠.

회의가 가진 본래의 목적을 생각한다면 하나하나가 완벽할 필요는 없습니다. 전원이 좋은 아이디어를 제안하는 것, 좋은 결론을 이끌어내는 것에 초점을 두어야 합니다. 의견을 합리적, 효율적으로 조율하기 위한 진행의 묘미가 더해지면 좋겠지요.

물론 회의 준비를 잘하는 것 자체가 나쁜 것은 아닙니다만, 그것이 본질이 되어서는 안 됩니다. 무슨 일이든 선택과 집중이 필요합니다. 더 중요한 것과 덜 중요한 것을 잘 구분한다면 실수나 오자 하나 없는 회의 준비를 위해서 불필요한 잔업을 하는 일도, 많은 사람이 지루하게 장시간 회의를 하는 일도 없을 겁니다.

그러나 습관적으로 이런 방식으로 회의를 해왔던 사람들은 잘 알아차리지 못합니다. 알아차려도 '전임자가 이렇게 해왔으니까', '괜히 잔소리 들으면 귀찮으니까'라며 좀처럼 패턴을 바꾸지 못할 수도 있습니다. 습관화되어 있지 않은 것을 실행할 때는 왠지 모르게 저항이 생기는 법입니다.

이처럼 주어진 일을 관성적으로 하는 사람들은 관성과 습관에 의지해 끌려갑니다. 상사가 일을 맡기면 그 일의 목적을 생각하지 않고 그저 그 작업을 하겠지요. 시킨 일이니까 무작정 하는 겁니다. 착실한 사람일수록 그것을 완벽하게 하려고 더 열심히 노력합니다.

하지만 잠시 멈춰 서서 '이건 무얼 위해서 하는 거지?'라는 생각을 해본다면 우리는 달라질 수 있습니다. '왜 이걸 해야 하지?', '왜 이런 방식이어야만 하지?'라는 의문을 한번쯤만 가져본다면 말이죠.

그러면 굳이 할 필요가 없는 일, 또는 해야만 하는 일, 좀 더 효율적인 업무 방식 등을 찾아낼 수 있습니다. 무작정 시키는 대로, 혹은 하던 대로가 아니라 정말 필요한 일을 가장 효율적인 방식으로 하는 겁니다.

수단이 목적의 자리를 넘보지 않게 하라

———

많은 사람들이 습관화되어 있어서 애초의 목적을 잊고 있는 일이 많습니다.

예를 들면, 매주 꾸준히 영어회화 학원에 다니고 있지만 좀처럼 실력이 향상되지 않는 경우가 있습니다. 해외여행을 위해 영어회화 실력을 늘리려 했던 건데 관성적으로 학원을 오가니 실력이 늘지 않습니다. 더구나 학원 수업을 빠질 수 없어 여행갈 시간을 좀처럼 내지 못한다면 이거야말로 주객전도인 상황입니다.

또 다른 예도 있습니다. 세일 코너에서 무심코 이것저것 사다 보니 과소비를 하는 경우입니다. 조금이라도 아껴볼 요량으로 세일 코너를 이용한 건데 오히려 과소비를 하는 거죠. 또는 마음 내키지 않는 모임에 참석해서 기분이 언짢아지는 상황도 있습니다. 관계상 어쩔 수 없이 나갔지만 내키지 않는 모임이었으니 즐거울 리 없습니다.

이처럼 '수단'이 어느새 '목적'이 되어버리면 우리는 시간을 잃게 됩니다. 그 일을 하려 했던 목적은 사라지고 그 일을 하고 있는 습관만 남아 있는 것이죠. 바쁘지만 왜 바쁜지 모르는 겁니다.

지금 이 순간이 모여 우리 삶이 된다

───

좋은 습관이라면 계속하면 됩니다. 그러나 본래의 목적에서 벗어나 있다면 수정해야 합니다. '무엇을 위해 이걸 하는가?'라며 지금 행동하고 있는 일의 '목적'을 자각하는 습관을 익히는 것만으로도 해야만 하는 일이 줄어듭니다.

시간의 테두리를 조금 더 넓혀서 인생의 '목적'에 대해 생각해봅시다. 우리들은 도대체 무엇을 위해 인생의 시간을 사용하고 있는 것일까요?

목적은 각자 다르겠지만, 최종적으로는 '자기 자신의 행복을 위해' 혹은 '누군가를 행복하게 하기 위해'서가 아닐까요. 당신은 시간을 그런 목적에서 벗어나 엉뚱한 데 사용하고 있지는 않습니까?

열심히 일하는 것이 필요할 때도 있습니다. 하지만 열심히 일하느라 가족과 함께하는 시간이 거의 없다면 어떨까요? 열심히 일하는 본래 목적에서 멀어진 것이죠. 일하는 방식이 자신과 가족을 불행하게 만드는 것이어서는 안 됩니다.

혹시 아무 생각 없이, 남들처럼 무작정 하는 일은 없습니까? 어딘지 모르게 주변에 휘둘리고 있지는 않습니까? 특별한 이유 없이 초조해하거나 전전긍긍하며 시간을 보내지는 않습니까?

'자신의 행복을 위해 시간을 사용하고 있는가'라는 목적을 생각한다면 시간을 사용하는 방법은 바뀔 것입니다. 목적의식을 묻는 이유는 그것이 이루어질 어떤 미래를 위해서가 아니라, 지금 이 순간을 양질의 시간으로 만들어내는 데 있습니다. 우리가 살아가는 것은 바로 지금 이 순간, 우리가 발붙인 현재니까요.

🕐 **죽을 때 후회하지 않는 시간 습관**

> 습관적으로 하는 일의 '목적'을 재점검한다

'이왕이면'이라는
마법의 단어

일하는 엄마들을 취재하다 보면 자신의 속도에 맞춰 할 수 있는 일이 거의 없다는 이야기를 자주 듣습니다. 회사에 가면 상사의 지시에 따르고, 가정에서는 아이와 남편을 돌보느라 정신없이 시간이 간다는 것이죠. 늘 상대의 속도에 맞추기만 할 뿐 자신에게는 시간의 주도권이 없다고 합니다.

하지만 이렇게 여러 가지 역할로 바쁜 사람이야말로 사소한 시간일지라도 '혼자만의 시간'을 가져야 합니다. 아이가 잠들어 조용해지고 난 이후나, 출근 전에 들른 카페, 혹은 공원에서 말이죠. 도저히 혼자만의 시간을 가질 수 없다면 출퇴근 시간과 목욕 시간을 혼자만의 시간으로 삼아보는 건 어떨까요. 잠시나

마 주변에서 떨어진 기분으로 보내는 시간이 필요합니다.

인생에는 양자택일만 있는 게 아니다
———

누군가와 함께 있는 한 사람은 늘 어떤 '역할'을 맡게 됩니다. 회사원으로서의 나, 엄마로서의 나, 아내로서의 나, 딸로서의 나, 친구로서의 나 등등. 그리고 아무리 가까운 사람, 사랑하는 사람이라 해도 하루 종일 함께 있다면 관계에서 오는 피로와 스트레스가 쌓일 수밖에 없습니다.

무엇보다 상대의 상황에 맞춰 시간을 보내다 보면 마음도 몸도 쉽게 소모됩니다. 나의 의지와 상관없이 끌려다니는 느낌을 지울 수 없으니까요. 이럴 때는 수동적인 자세에서 적극적인 자세로 태도와 관점을 바꿔야 합니다.

'나는 일을 하고 싶으니까 이곳에 있다', '아이와 함께하는 시간을 소중히 여기고 싶다'와 같이 그 일을 하는 시간을 스스로 선택했다고 자각하는 겁니다. 실제 따지고 보면 우리가 하는 모든 일과 그 일을 하는 시간은 애초 스스로가 결정해서 하고 있는 것이기 때문입니다.

그리고 이왕이면 즐겁게 하기로 마음먹는 겁니다. 어떤 것을 하는 시간에 '이왕이면'이라는 말을 붙인다면 시간을 더욱 공들여 쓸 수 있게 됩니다. 일에서도, 가사와 육아에서도, 출퇴근 전철 안에서도, 잘 생각해보면 즐길 수 있는 요소는 분명 있습니다.

사실 일하는 엄마들은 일이냐, 가정이냐를 놓고 늘 고민합니다. 일하는 여성 중 상당수가 출산과 육아를 위해서 일을 그만둡니다. 그중에는 일을 계속하고 싶지만 도저히 일과 육아를 병행할 수 없어 그만두는 사람도 있습니다. '엄마'로서의 나를 선택한 것은 좋지만, '일하는 사람'으로서의 나는 포기해야 하기에 상실감이 큽니다.

그러나 잠시 일을 그만두었다고 해서 평생 일을 못하는 건 아닙니다. 각자의 상황에 따라 시기는 다르지만 대부분은 아이가 자라면서 다양한 이유로 일에 복귀하게 됩니다. 물론 육아로 인해 경력이 단절된 여성은 이후 복귀할 때 여러 가지 어려움을 겪긴 하지만요.

일하는 사람으로서의 나와 엄마로서의 나는 한쪽을 선택하면 다른 한 쪽은 영원히 버려야 하는 배타적인 관계가 아닙니다. 이 두 가지 역할은 평생 따라다니며 존재합니다. 다만 시간 축에 따라 역할의 비중이 바뀌어갈 뿐입니다.

시간은 잃어버리는 게 아니라 더해간다

앞서 말했듯 여성에게는 다양한 역할이 있습니다. 딸로서의 나, 아내로서의 나, 친구로서의 나, 연인으로서의 나, 지역 주민으로서의 나 등등. 계속 이어지는 역할, 일시적으로 비중이 적어지는 역할, 잠깐 쉬는 역할, 없어지는 역할도 있을 수 있습니다.

그 역할을 해왔던 시간은 조금씩 쌓여갑니다. 지금 다른 역할의 비중이 더 커졌다고 해서 다른 역할을 했던 시간들이 무의미하게 사라지는 건 아닙니다. 따라서 역할을 해내는 시간은 'or'가 아니라 'and'로 생각해야만 합니다. 시간을 '잃어버리는 것'이 아니라 시간을 '더해가는 것'이기 때문입니다.

평생에 걸쳐서 한결같이 '워크 라이프 밸런스'를 목표로 삼는 것은 현실적이지 않습니다. 일을 중심으로 해야 하는 시기가 있고, 육아에 전념해야 하는 시기가 있습니다. 혹은 육아에 비중을 두되 다음 일을 준비할 수도 있고, 양쪽 모두 전력투구할 수도 있습니다.

삶에서 어떤 역할을 더 중요시 여길지는 사람마다 각기 다를 테지요. 다양한 역할 속에서 종합적으로 자기를 만들어가는 것이기 때문에 '워크 라이프 언밸런스'여도 상관없습니다.

중요한 것은 유연함입니다.

그리고 또 한 가지가 있습니다. 인생에서 하고 싶은 것을 하는 '한 인간으로서의 시간'을 갖는 것도 중요합니다. '인생에서 무엇을 할 것인가?'라는 것은 반드시 질문해야만 하는 주제이기 때문입니다.

제 지인 중 50대에 아이들이 독립하고 남편과 사별한 70대의 여성이 있습니다. 그는 주변에 '앞으로는 나의 인생을 살아가겠다'고 선언하고서 현재는 남미에서 일본어 교육과 관련된 일을 하고 있습니다. 평생 가정을 중심으로 살아왔던 삶에서 180도 방향을 바꾼 삶입니다.

우리는 평생 하나의 역할, 하나의 모습으로 살아가지 않습니다. 그 역할이 평생 같은 비중으로 자리하지도 않습니다. 그러니 '이왕이면' 인생의 시기마다 찾아오는 각각의 역할을 최대한 즐겨보면 어떨까요.

🕐 죽을 때 후회하지 않는 시간 습관

주어진 역할을 'or'가 아니라 'and'로 생각한다

시간의 주인이 되어
목적에 맞게 쓴다

—

회사나 가정, 혹은 다른 곳에서도 '무엇을 원하는가' 하는 목적에 따라 시간을 사용하는 법이 달라집니다. 또 이 목적은 시대의 변화와 함께 바뀌어왔습니다. 때문에 시간을 사용하는 법도 바뀌어야만 합니다.

예를 들어봅시다. 어떤 기업이든 그 기업이 추구하고, 이루려고 애쓰는 목적이 있습니다. 그중 '소비자를 행복하게 한다, 주주를 행복하게 한다, 종업원을 행복하게 한다'가 가장 중요한 목적일 겁니다. 발전하고 있는 회사는 이 3가지의 균형이 잘 잡혀 있습니다.

시간의 주인이 되어 주도하기

———

종신고용제가 있던 과거에는 '한솥밥을 먹는다'는 말처럼 회사 사람들 사이에 가족적인 유대가 강한 편이었습니다. 사내 레크리에이션이나 사원 여행 등 '회사 식구를 행복하게 하기' 위한 활동이 한창 실시되었죠. 그뿐 아니라 상사가 부하 직원에게 결혼 상대를 소개하기도 했습니다. 물론 수십 년 전의 일이긴 합니다.

그러나 시대는 바뀌었습니다. 많은 기업들은 지금 종업원보다도 소비자, 소비자보다도 주주를 더 살피고 있습니다. 물론 그렇지 않은 회사도 있겠죠. 향수에 젖어서 '옛날이 좋았다'는 말을 하려는 것이 아닙니다. 회사의 역할이 시대의 흐름에 따라 '이익을 올리는 것'에 무게중심을 두는 쪽으로 바뀌어왔음을 말하려는 겁니다.

그런 이유로, 능력이 없거나 성과 창출에 도움이 되지 않는 직원은 권고사직을 당하거나 여러 방식으로 도태됩니다. '경비 절감'이라는 명목으로 능력 있는 사원이 파견사원이나 계약사원으로 신분이 바뀌는 경우도 있지요.

여성들의 경우에는 회사가 대놓고 뭐라 하지 않아도, 육아나 가사일의 부담으로 일을 계속하기 곤란한 경우도 많습니다. 출퇴근 시간에도 제약이 따르고, 휴가를 마음대로 쓰기도 어렵습니다. 설사 휴가를 쓴다고 해도 그 횟수가 너무 잦거나 장기 휴가가 반복되면 회사나 동료들의 눈치가 보입니다.

그렇다고 '평생을 보살펴주세요'라며 회사에 내 운명을 모두 맡길 수는 없습니다. 그러니 열심히 일하되 회사가 전부가 되어서는 안 됩니다. '스스로 살아가는 힘을 갖기' 위해서 시간을 쓸 필요가 있습니다. 내 인생의 주인은 나요, 내가 주도해서 살아가야 하니까요.

회사가 나를 책임져주지 않는다

——

사회 전체에서 널리 쓰일 수 있는 기술을 익힌다거나 고소득을 얻을 수 있는 기술을 익혀도 좋습니다. 혹은 회사에서 일하며 업의 전문성을 높여 스스로를 더 성장시키는 것도 좋습니다. 회사를 위해 마냥 자신을 소모시킬 게 아니라, 그 일을 통해 자신도 성장하며 커리어를 쌓을 수 있다면 최상이죠.

자기 능력을 펼치며 활약하는 사람들 대부분은 직장생활을 하면서도 영어회화 공부를 한다거나, 소믈리에 자격증을 딴다거나 하는 식으로 다음을 위한 대책을 마련합니다. 불안정한

지위에 있는 사람이야말로 이런 식으로 살아가는 힘을 길러야만 합니다. 현재의 일을 열심히 하되 언제나 미래를 준비해야 합니다.

시간을 우두커니 보내고 나중에서야 '일에 혹사당하고 회사에서 버려졌어', '구조조정을 당했으니 내 인생은 끝이야'라며 비관하는 일은 막아야 합니다. 주도적으로 살아가기 위해서는 시간을 자기 쪽으로 끌어와서 써야 합니다.

그뿐 아닙니다. 가족의 역할도 달라졌습니다. 예전에는 남편이 밖에서 일하고 아내가 가사를 하는 등 역할 분담이 명확했습니다. 통념상 주어진 아내와 남편의 역할을 하며 아이를 기르고, 오랜 세월 부부로 같이 살아갔지요.

그러나 현대의 부부는 남녀로 구분된 아내와 남편의 역할에 대한 경계가 희미합니다. 성이 아니라 각자의 능력과 상황에 맞게 역할을 분담하고 있죠. 그러다 보니 관계에 있어서도 변화가 나타났습니다.

가족, 서로 협력하되 독립적이어야 한다
——

각자의 역할에 대해 논의하는 시간, 함께 이야기 나누며 즐기는 시간, 혹여 맞벌이를 한다면 가사와 육아를 위해 협력하는 시간 등이 필요해진 것입니다. 그 필요성의 정도는 부부에 따라 각기 다르지만, 분명 서로 의논하고 협력해야 합니다. 일이 바쁘다는 핑계로 가족을 위해 시간을 쓰지 않는다면 소중한 가족을 잃을 수도 있습니다.

부모자식 관계도 시대와 함께 달라졌습니다. 현대에는 자식이 부모의 노후를 책임지는 것은 일반적이지 않은 일이 되었습니다. 하지만 희한하게도 미혼인 자식과 부모의 동거율은 높아지고 있다고 합니다.

부모의 역할은 자식이 '스스로 살아갈 수 있도록 하는 것'입니다. 이 점은 지금도 변함이 없습니다. 그래서 자식이 스스로 생각하고 행동할 수 있도록 때론 실패를 맛보게 하는 것이 필요할 수도 있습니다. 자식이 실패하지 않도록 매번 모든 걸 대신해준다거나 통제하려고만 하면 어떨까요? 스스로는 아무것도 결정하거나 실천하지 못하는 사람이 될지도 모릅니다.

동거 자체가 문제라는 게 아니라 독립적인 삶을 영위할 힘을 기를 필요가 있다는 뜻입니다. 그 과정에서 외로움을 스스로 극복한다거나 경제적으로 독립해서 생활을 책임져볼 필요가 있습니다. 집안 일이 생각보다 얼마나 많은지, 적은 월급으로 생활하는 것이 얼마나 어려운지를 느낄 수 있죠.

감정적, 사회적, 경제적 독립을 통해 그동안 부모가 주었던 도움이 얼마나 소중한 것인지 깨닫기도 합니다. 그 과정에서 가족에 대한 고마움, 일에 대한 열정, 삶에 대한 감사가 샘솟을 수도 있습니다.

여러분은 어떤가요? 시간의 주인이 되어 진정한 목적에 맞게 시간을 쓰고 있나요? 혹시 목적을 잊고 엉뚱한 곳에 시간을 쓰고 있지는 않은가요?

🕐 죽을 때 후회하지 않는 시간 습관

어떤 상황에도 내 시간의 주인이 나임을 생각한다

나만의 철학으로
우선순위를 매긴다

'행동의 축'을 결정하는 규칙

우선순위를
가지고 있습니까

자신에게 중요한 것이
무엇인지 안다는 것

―

자신만의 철학을 갖는 것은 중요합니다. 어려운 철학서를 공부하거나 철학자의 지혜를 배워야 한다는 의미가 아닙니다. 자기에게 '중요한 것이 무엇인지 알고 있다'는 뜻입니다. 즉 남과는 다른 자신만의 가치관이 있어야 한다는 의미죠. 이런 철학이 없으면 심지가 굳지 못하고, 이리저리 휩쓸리기 쉽습니다.

모든 면에서 우직함을 발휘할 필요는 없다

'시간이 없다'고 말하는 사람들 대부분은 우선순위가 낮은 일도 우직하게 해냅니다. '우직'하다는 것을 미덕이라고 여기는 사람도 있습니다. 자신보다 주변을 우선시하는 생각은 아름다운 문화라고 여겨집니다. 그러나 중요하지 않은 일에 열심을 다하는 게 정말 바람직한 걸까요?

이런 사람들은 어떤 일을 부탁받으면 그것을 완벽하게 끝내려고 합니다. 무엇인가 역할이 주어지면 성심을 다해 완수하려 노력하죠. 그렇게까지 하지 않아도 되는 것, 나중에 해도 되는 것, 애초에 하지 않아도 좋은 것까지 뒤죽박죽되어서 주어진 역할을 그야말로 우직하게 해냅니다. 정말 중요한 것은 빼놓고 말이죠.

사회구조가 복잡해지고, 개인에게 다양한 역할이 주어진 상황에서 모든 것을 우직하게 하고 있다면 아무리 많은 시간이 주어져도 부족할 겁니다. 우직함은 강한 에너지기 때문에 정말로 중요한 곳에서 그 힘을 발휘해야 합니다. 모든 면에서 우직함을 발휘하다가는 정작 중요한 일을 할 때 힘이 고갈되기도 하니까요.

이때 정말 '중요한 것'이 무엇인지 알려면 가치관이 뚜렷해야 합니다. 세상을 바라보는 자신만의 관점이 명확해야 선택의 순간 혼란스럽지 않습니다. 그리고 자신의 가치관을 소중히 여기는 태도는 자신을 소중히 여기는 태도와 연결됩니다.

자신을 소중히 여기며 존중하는 사람은 주변 사람 역시 존중합니다.

'나는 무엇을 하고 있을 때 가장 행복한가?'

'나는 무엇을 소중히 여기고 싶은가?'

'나는 무엇을 손에 넣고 싶은가?'

그 사실을 마음에서부터 알지 못한다면, 진정한 만족감에 이르기 어렵습니다. '시간이 없다'고 말하는 사람은 '기한이 없지만 중요한 것'보다도 '중요하지는 않지만 기한이 있는 것'을 우선시합니다.

예를 들면 눈앞에 놓인 일, 당장의 만남, 잡다한 용무 등을 잇달아서 해내려다 보니 '해야만 하는 일'이 쌓입니다. 정작 본인이 하고 싶은 일은 급하지 않다는 이유로 자꾸 뒤로 미루게 되죠. 우선순위를 명확하게 의식하고 있지 않기 때문에 우선순위가 낮은 일을 무시하지 못하는 겁니다. 덜 중요한 일들을 처리하느라 시간을 다 써버리니, 시간이 없는 것처럼 느껴지는 것이죠.

자신에게 있어서 중요한 일이 무엇인지 알려면 좀 더 넓은 시야로 바라볼 필요가 있습니다. 더 큰 시간의 틀에서 객관적으로 생각해봐야 합니다. 당장 누리는 순간의 작은 기쁨보다는 인생 전체를 관통하는 큰 기쁨을 생각해야 합니다. 그렇지 않으면 소중한 것을 손에 넣지 못하거나 일시적으로 손에 넣었어도 결국은 잃어버리고 말겠지요.

우선순위가 분명하면 의사결정도 심플하다
———

정말로 중요한 것부터 먼저 계획을 세워야 합니다. 가장 중요한 것부터 우선순위에 드는 3개 정도로 항목을 좁혀봅시다. 그리고 그 중요한 3가지를 위한 시간을 확보하는 것부터 시작합시다. 그것을 중심으로 다른 계획도 짜는 겁니다. 우선순위가 있으면 놀랄 정도로 간단하게 의사결정을 할 수 있습니다.

제 지인 중 아르헨티나 남성이 있는데, 그는 약 20년 전에 합기도를 배우기 위해서 일본에 왔습니다. 집과 상가의 전기공사를 할 수 있는 자격증을 따고 내장공사 기술 등을 배워서 프리랜서로 일을 했죠. 매일 밤에는 도장에 다니며 합기도를 중심으로 하는 생활을 몇 년이나 계속했다고 합니다. 합기도에 홀딱 반했기 때문입니다.

그는 이렇게 말하더군요.

"현재는 결혼해서 아이가 있고 '가족이 첫째'라고 생각합니다. 나한테 제일 중요한 것은 가족과 함께하는 시간이에요. 돈을 불리고 일을 늘리는 것보다 중요하죠. 그래서 어떤 일을 하더라도 6시에는 집에 돌아가서 아이와 보내려 합니다. 그렇지 않으면 아이와 함께 놀거나 식사할 시간을 가질 수 없거든요. 아이가 8시 반에는 잠을 자기 때문에 급한 일이 있을 때는 아이가 잠들고 나서 다시 현장에 가는 일도 있습니다. 합기도는 일주일에 이틀, 아침 5시부터 배우니까 아이와 같은 시간에 잠들면 일찍 일어나더라도 수면은 충분히 취할 수가 있죠."

그는 철저하게 우선순위를 정해서 그것을 지키는 생활을 하고 있습니다. 그래서 출장을 갈 때도 스카이프로 얼굴을 보면서 자신의 가족, 그리고 아르헨티나에 있는 본가의 가족과 대화하는 일을 거르지 않습니다.

무조건 가정을 중심으로 삼으라고 말하는 게 아닙니다. '일도 가정도 중요'하다면 그에 맞게 시간을 배분해야만 한다는 뜻입니다. 그리고 자신이 어디에 무게중심을 둘 것인지를 정하고 따라야 한다는 거죠.

외부에서 하고 싶은 일이 있거나 취미활동이 중요하다면, 그것을 일정의 우선순위에 넣도록 합니다. 공부가 중요하다면 다른 일보다 공부에 할애하는 시간을 먼저 배분합니다. 아이와 함께하는 것이 중요하다면 그 시간을 중심으로 해서 다른 일정을 짭니다.

회사원이라서 시간이 없다거나 일이니까 어쩔 수 없다고 하는 것은 오직 변명일 뿐입니다. 누구든 각자 소중히 여기고 싶은 것이 있습니다. 세상에서 말하는 일반적으로 '해야만 하는 것'을 버리고, 당신 자신의 우선순위를 바탕으로 시간을 어떻게 쓸 것인지, 그 사용법을 결정해주세요.

🕐 **죽을 때 후회하지 않는 시간 습관**

> 자신의 '우선순위'에 따라
> 시간을 어떻게 쓸 것인지 결정한다

철학이 없으면
시간을 컨트롤하지 못한다

자신의 철학이 없으면, 시간이 없거나 시간을 주체 못하거나
둘 중 하나가 됩니다. 왜 그런지 살펴보죠.

시간이 없는 게 아니라 마음의 여유가 없는 것

가끔 누군가가 재미있는 것을 경험할 수 있는 기회를 권해도
'시간이 없어서…'라며 거절하는 사람이 있습니다. 모임에 초
대를 받아도 '해야 할 일이 남아서…'라며 중간에 회사로 돌아
가는 사람도 있습니다. 좋은 기회와 만남의 자리를 매번 놓치

는 사람들을 보면 안타깝습니다.

잡다한 일로 바쁘게 지내는 상황을 정리한다면, 시간은 만들 수 있습니다. 그런데도 '시간이 없다'고 한다면 정말로 시간이 없는 것이 아니라 '마음의 여유가 없다'는 뜻일지도 모릅니다. 왜냐하면 시간의 여유가 있다고 해서 마음의 여유가 생기는 것은 아니기 때문입니다. 시간적인 여유가 있어도 마음은 여유가 없을 수 있습니다.

바쁘게 지내도 마음의 여유가 있는 사람이 있고, 시간의 여유가 있는데도 마음의 여유가 없어 '시간이 없다'고 말하는 사람도 있습니다. 이런 태도는 습관에서 비롯됩니다.

'시간의 여유가 있다 = 마음의 여유가 있다', '시간의 여유가 없다 = 마음의 여유가 없다'인 것은 아닙니다. 마음의 여유가 있는 사람은 자신에게 중요한 일과 우선순위가 잘 정리되어 있는 사람입니다.

저는 새로운 경험을 하거나 사람을 만날 기회가 있을 때에는 시간을 핑계로 회피하지 않습니다. 그것은 제게 우선순위가 높은 일이기 때문입니다. 많은 사람이 모이는 파티는 명함 교환을 하는 것만으로는 친한 사이가 될 수 없기에 흥미가 없습니다. 하지만 소규모로 좀 더 다붓하게 즐길 수 있는 2차 모임에는 시간을 내서 참석합니다.

그 모임을 거절하고 일을 하다고 해도 불과 2시간여 정도일 뿐인데, 그 시간에 그리 대단한 일을 할 수 있는 것도 아닙니다. 그보다는 모임에서 사람들과 대화를 나누며 가까운 사이가 되는 것이 더 행복합니다. 그 모임에서 뭔가를 얻어내자고 생각하지 않고, 일생에 한 번밖에 없는 '소중한 인연'을 만난다고 생각하는 겁니다. 사람들과 교감하는 일은 즐겁습니다. 무언가를 배우거나 좋은 영향을 받을 기회로 여기면 더욱 그렇죠.

중요한 일과 그렇지 않은 일을 판별하는 힘

사람과의 만남에는 타이밍이 있습니다. 다른 시간은 자기 속도에 맞게 보내도 좋습니다. 하지만 어떤 모임에 초대를 받았다면, 그 자리에서 바로 답을 하는 것이 서로에게 기분 좋은 일입니다. 가고 싶지 않은 모임이라면 시간이 없다는 핑계를 대지 말고, 차라리 다른 이유로 거절하는 것이 좋습니다. 선약이 있다든지, 다른 볼 일이 있다는 식으로요.

잘 생각해보면 '시간이 없다'고 말하는 것은 상대에게 매우 실례를 범하는 변명입니다. 대부분은 잡다한 일로 인해 시간이 없는데, 그런 일보다도 우선순위가 낮다고 말하는 것이나 마찬가지니까요.

습관처럼 바쁘다는 말을 입에 달고 살지 말고 일단 마음의 여유를 가져봅시다. 그러고 나서 무엇이 더 중요한지를 판별합시다. 특히 당신에게 올 좋은 기회와 인연을 알아차리기 위해서는 우선순위를 정해둘 필요가 있습니다.

시간이 없다는 태도도 골칫거리지만 무조건 시간이 남아돈다는 태도도 좋은 것은 아닙니다. 비어 있는 시간을 주체하지 못하면 만족할 만한 일은 생기지 않습니다. 허전함을 달래려 무의식중에 TV 채널을 여기저기 돌리고 있다거나 하릴없이 웹 서핑을 하고 혹시 살게 없나 살피며 백화점을 서성거립니다.

인터넷이나 SNS를 들여다보며 하루를 보내고는 쓸데없는 데다 시간을 써버렸다고 자책하기 십상입니다. 특히 마음이 부정적인 상태로 기울어져 있거나 상실감이 있을 때는, 좋지 않은 것을 생각하기 시작합니다. 술과 도박, 위험한 연애에 빠져들게 되는 경우도 있습니다.

시간이 없다고 말하는 사람과 마찬가지로 자신의 철학을 갖고 있지 않기에 생기는 문제입니다. 자기 삶에서 정말 중요한 것이 뭔지 모르기에 시간이 있어도 무엇을 하면 좋을지 모르는 것이죠. 자기 마음을 모르니 자신을 만족시켜줄 무언가를 끊임없이 외부에서 찾게 됩니다.

내면에 자신의 철학이 명확하게 자리한 사람은 시간의 주도권을 쥘 수 있습니다. 시간은 사람에 따라 없을 수도, 있을 수도 있습니다. 그리고 그 시간을 어떤 일에 어떻게 사용하느냐도 각자의 선택입니다.

하고 싶은 일이 있어서 그것에 시간을 쏟는 삶, 또 덜 중요하다 여기는 일은 과감히 물리칠 줄 아는 삶을 살아야 합니다. 적당히 바쁘고, 적당히 느긋함을 가질 수 있는 상황이라면 더할 나위 없이 좋지 않을까요.

🕐 **죽을 때 후회하지 않는 시간 습관**

'시간의 여유'를 따지기 전에 '마음의 여유'부터 생각한다

다른 사람이
내 삶을 흔들게 두지 마라

━

회사와 가족, 친구 등 타인에게 휘둘려서 늘 바쁜 상황은 누구나가 경험하고 있습니다. 다른 이에게 맞춰주는 태도는 배려가 돋보이는 것이지만, 그것이 지나치면 내 삶이 타인에 의해 휘둘리게 됩니다.

혹시 다른 사람에게 휘둘리고 있나요?
━

이런 경험을 해보신 분들이 있으실 겁니다. 계속해서 일을 떠맡기는 상사 때문에 밤늦게까지 야근을 하고도 마치지 못한 일거리를 집에 싸들고 가 휴일을 쓰면서까지 끝내려고 합니다. 일을 못하는 후배를 도와주느라 정작 자신의 업무는 처리하지 못한 채 쌓여갑니다.

가정에서도 마찬가지입니다. 아이 때문에 바쁘기도 하지만 남편 때문에 받는 스트레스도 상당하다고 하죠. 여전히 집안일은 여성의 부담으로 돌아가는 일이 많은 데다가 남편의 일상을 이것저것 챙겨줘야 합니다. 그뿐만 아니라 집안 대소사며 시간 약속, 휴일을 보내는 것까지 대체로 남편의 사정에 맞추게 됩니다. 그러다 보면 '나와 다른 가족의 상황에도 좀 맞춰'달라며 소리치는 때도 있을 겁니다.

자기 아쉬울 때마다 전화하고 불러내는 친구, 새벽과 밤을 가리지 않고 툭 하면 문자나 메시지를 보내는 지인, 시간 약속을 잘 지키지 않는 연인, 지루한 수다로 이어지는 학부모들과의 티타임 등. 주변에는 '시간을 빼앗는' 일과 사람들로 넘쳐나고 있을지도 모릅니다.

기본적으로 연결된 사람이 많으면 많을수록 '자신의 시간'은 없어집니다. 그들과의 소통이나 만남에 시간을 많이 쓰게 되니까요. 좋은 관계를 유지하려는 욕심에 매정하게 거절하지도 못합니다. 그러다 보면 주변 사람들과 관계에서 오는 문제와 마주칠 확률도 높아지겠지요.

단정할 수는 없지만 대체로 착실한 사람, 상냥한 사람일수록 타인에게 휘둘리는 경향이 있습니다. 그것이 무조건 나쁜 것은 아닙니다. 사람들과 기분 좋게 어울려 살아가고, 네트워크 안에서 좋은 에너지를 나누는 것은 인간의 본질적인 욕구이기 때문입니다. 고민을 공유하는 것도 서로 도우며 인간관계를 구축하는 과정입니다. 이처럼 인간은 타인과의 유대 속에서 행복감을 얻는 생명체입니다.

그렇지만 내가 중심이 되지 않고 타인이 중심이 되면 이야기가 달라집니다. 상대의 감정, 상황, 속도에 맞추는 일이 계속되면서 마음에 부정적인 감정이 싹터오면, 자신을 비난하거나 타인을 원망하게 됩니다. 타인을 중심에 놓다 보니 어느새 자신은 사라진 듯한 느낌이 들기 때문이죠. 배려심 넘치고 상냥한 사람이라 해도 이런 감정이 드는 것은 막을 수 없습니다. 그래서 균형이 중요합니다.

미움 받기 싫은 마음과 배려를 구분하자
——

타인에게 잘 휘둘리는 사람은 '타인이 좋아하는 것'과 '자기가 좋아하는 것'을 구분하지 못하는 것일 수도 있습니다. 이 두

가지가 뒤죽박죽되어 있어서 '타인이 좋아하는 것'이 모두 자신의 기쁨이고 타인을 즐겁게 만드는 것이 자신의 역할이라고, 무의식적으로 생각하고 있을지도 모릅니다.

이런 무의식에는 다음과 같은 감정이 숨어 있을 겁니다. 바로 '미움 받고 싶지 않아'라고 하는 감정입니다. 자꾸 거절하면 상대가 기분 상하지 않을까? 모임 자리에 빠진다면 소외되지 않을까? 그러다 관계가 어색해지면 어떡하지? 이런 걱정, 불안, 죄책감, 공포가 숨어 있습니다. 결국은 불편을 감수하고 상대에게 맞춰주자는 생각으로 귀결됩니다.

충분히 이해할 수 있는 상황입니다. 저도 예전에는 거절하지 못하는 성격이었으니까요. 하지만 지금은 다릅니다. 거절하거나 내 의견을 말하는 것이 상대를 부정하는 것이 아님을 알았기 때문입니다. '단지 그 포인트만은 당신에게 맞춰줄 수 없어'라는 것을 명확히 인지했지요. 그리고 상대에게도 그렇게 전하면 됩니다.

다른 것은 틀린 것이 아니다
———

우리는 다르게 태어났고, 다른 환경에서 다른 사정을 갖고 각자의 삶을 살아갑니다. 그러니 상대와 맞지 않는 점이 있는 것은 당연합니다. 체력, 취향, 성격이 다른 게 당연하죠. 소울메이트가 아닌 다음에야 하나부터 열까지 모든 것이 일치하는 사람은 없습니다.

그래서 거절하는 태도도 중요합니다. 저는 '이번에는 사정이 좋지 않아', '지금까지는 가능했지만 이 이상은 어려워', '이번 주는 어렵지만 다음 주면 괜찮을 거야'라는 식의 표현을 사용해 의사를 밝힙니다. 의견을 말할 때도 '상황을 좋게 만들고 싶으니까 이 점은 알아주면 좋겠어'라고 부탁을 하면서 서로 타협했습니다.

매너 있게, 긍정적인 방식으로 전달했더니 상대도 그다지 거부감을 보이지 않았습니다. 거절했다고 해서 관계가 끊기거나 악화되는 일은 전혀 없었습니다. 그런 일로 관계가 나빠진다면, 딱 그 정도 선의 관계니까 마음에 둘 필요도 없습니다.

'타인이 좋아하는 것'과 '자기가 좋아하는 것'을 구분해야 합니다. 그 구분법이 조금 애매하지만, 일단 자신이 흔쾌히 받아들일 수 있다면 하면 됩니다. 나중에 '사실 나는 거기 별로인데 억지로 갔어', '내가 하고 싶었던 건 그게 아닌데…'라며 원망의 마음이나 보상을 기대하는 마음이 생길 것 같다면 하지 않아도 됩니다.

현명한 거절이야말로 좋은 관계의 해법이다

반복해서 말하지만 그러려면 '자신에게 소중한 것'이 무엇인지 알고 있어야 합니다. 그러면 선택하는 기준이 분명해질 뿐만 아니라, 희한하게도 주변 사람들이 나에게 맞추어주게 됩니다.

많은 사람과 관계를 맺고 있어도 자신의 속도대로 시간을 보내는 사람이 있습니다. 제 친구 중에 회사를 경영하는 사장이 있는데, 그녀에게는 많은 종업원들과 가족이 있습니다. 그러다 보니 늘 시간에 쫓겨 바쁠 것 같지만 그렇지 않습니다. 오히려 시간에 여유가 있습니다.

자신이 해야만 하는 역할을 명확히 하고, 타인과의 거리감을 중요시하면서 의사소통이 잘 되는 열린 관계를 맺고 있기 때문입니다. 상호 신뢰가 형성되어 있기 때문에 부하직원들의 의견도 귀담아 듣습니다. 대신 받아들일 것과 거절할 것을 명확히 하죠. 뿐만 아니라 업무의 모든 영역에 관여하지 않습니다. 직원들 각자가 자기 일을 잘하도록 운영하는 사장으로서의 역할에 충실합니다. 그러니 시간을 안배해 가족과 함께할 수 있습니다.

먼저 자기중심을 바르게 세우면 오히려 주변 사람과의 관계도 좋습니다. 타인에게 끌려다니지 말고 동등한 입장에서 서로를 존중하는 관계를 지향해갑시다.

🕐 죽을 때 후회하지 않는 시간 습관

매너 있게, 긍정적인 방식으로 거절하는 표현법을 익힌다

인생의 나침반과 이정표는
마음속에 있다

인생을 뒤돌아보았을 때 가장 후회되는 시간은 언제일까요?
분명 남에게만 맞추며 보낸 시간입니다. 여기서 말하는 '남'은
특정인을 지칭하는 것이 아니라 우리를 둘러싼 사회, 세상을
말하는 것입니다.

'남들처럼'이라는 태도가 나를 갉아먹는다

남들처럼 공부했던 것, 남들처럼 취업했던 것, 남들처럼 일했
던 것, 남들처럼 물건을 소유하려고 했던 것, 남들처럼 생활하

려고 했던 것을 생각해봅시다. '세상 사람들 모두가 그렇게 하니까 나도 그렇게 해야지'라는 생각으로 큰 의문 없이 따라서 살아왔을 겁니다.

그러나 어느 날 문득 뒤를 돌아봤을 때 의문이 찾아오죠. '왜 아무 생각 없이 남들처럼 살았을까?', '혹시 다른 선택지가 있지 않았을까?', '다른 일을 했다면 지금 나는 다르게 살고 있을까?' 하고 말입니다. 내가 아니라 세상이 추구하는 가치관, 다른 사람들이 살아가는 방식에 맞추다 보니 어느 순간 찾아오는 의문입니다. 삶을 잘못 살았다는 느낌과 함께.

우리는 어린 시절부터 '남과 같아야 한다'라는 무언의 압박을 받아왔습니다. 그래서 남과 다르거나 특이한 것을 피하고, 웬만하면 다른 이들과 보조를 맞추며 비슷하게 행동하는 것에서 안도감을 느낍니다. 모두가 가는 길이 바른 길이라고 느끼는 것이지요.

학창 시절에는 함께 그룹을 지어 몰려다닐 친구가 없다거나 도시락을 함께 먹을 친구가 없다는 사실에 공포감마저 느끼기도 합니다. 사람들에게서 소외받는 것 자체도 괴롭지만 사람들에게서 소외되었다고 '주변에서 생각하는 것'은 더 괴롭기 때문입니다. 사람들과 어울리지 못하고 혼자만 떨어져 있는 상황은 자신을 전부 부정당한 것 같아서 스스로에게 무척 상처를 입힙니다.

성인이 되어도 남과 비슷하게 해야 한다며 스스로가 걸고 있는 주문은 크게 다르지 않을지도 모릅니다. 어른으로 사회에 나와 살다 보면 '남들처럼' 살아야 한다는 생각이 더욱 강해지기도 하죠. 그래서 남과 같은 레벨, 아니 오히려 더 높은 레벨을 목표로 삼으려고 필사적이 됩니다.

유행하는 물건이 있으면 반드시 사려 하고, 박스 오피스 1위의 영화라면 놓치지 않으려 하며, 가급적 대세를 따르려 합니다. 이왕이면 최신 유행템을 남들보다 먼저 갖고 싶지 않던가요? 나보다 잘나가는 친구를 보면 기분이 상하지 않던가요?

많은 사람들이 남들만큼 잘나가고 싶다, 남들만큼 좋은 집에서 살고 싶다, 남들만큼 좋은 남편과 귀여운 아이를 가지고 싶다는 욕망을 품습니다. 그러고는 '행복해지기 위해'서가 아니라 '행복한 듯 보이기 위해'서 노력합니다. 그것이 뜻대로 되지 않으면 초조함을 느끼는 사람도 있겠지요.

하지만 이제 내 인생의 선택권을 남에게 맡기는 일은 그만두어야 하지 않을까요? 남들 눈을 의식해서 보이는 겉치장에만 신경 쓰다 보면 내면이 황폐해집니다. 거기에 진짜 내가 없으니까요. '모두가 하고 있으니까 나도'라는 태도로 살다가는 시간도 돈도 마음도 소모됩니다.

마음속 이정표와 나침반을 보는 법

'모두가 원하는 것'과 '자기가 원하는 것'을 확실하게 구분할 필요가 있습니다. 그리고 남들이 어떻게 볼까를 신경 쓰는 태도도 버려야 합니다.

저는 '남이 어떻게 생각할까' 하는 것이 걱정되어 늘 열등감을 느끼는 시절이 있었습니다. 대학을 졸업하고 들어간 회사를 그만둔 이후는 이직의 연속이었고 개인적으로도 시련이 계속되었습니다. 최종적으로는 일도 연인도 돈도 모두 잃었고, 바로 그때 구렁텅이 속에서 한 가지 결심을 했습니다.

'앞으로는 남이 어떻게 생각해도 좋아. 내가 좋아하는 대로 살자.' 그렇게 태도를 바꾸었더니 이상할 정도로 모든 일이 잘 돌아가기 시작했습니다. 남들 눈치 보지 않고 나만의 길을 나아가면, 그 당당한 발걸음 속에서 스스로 만족을 느낄 수 있습니다.

중요한 것은 자신의 마음을 이정표로 삼아 나아가는 것입니다. 주변을 두리번거려도 답은 보이지 않습니다. 답은 늘 우리들 내면에 있습니다. 열심히 하는데도 공허함을 느끼고, 삶이 힘들다고 느껴지는 것은 내 마음을 돌보지 않고 무작정 남과 같은 길을 가려 하기 때문입니다.

인생을 살아가면서 자신에게 '나는 무엇을 하고 싶은가?'라는 질문을 가끔씩 던져주세요. 그리고 '모두가 원하는 것'이 아니라 '내가 진심으로 원하는 것'을 위해 시간을 쓰세요. 인생의 마지막에 후회하지 않도록.

🕐 **죽을 때 후회하지 않는 시간 습관**

> '모두가 그렇게 하고 있으니까 나도 한다'
> 라는 생각을 버린다

습관 4

지금 하고 싶은 일을 미루지 않는다

'밍기적거리는' 일상에서 벗어나는 규칙

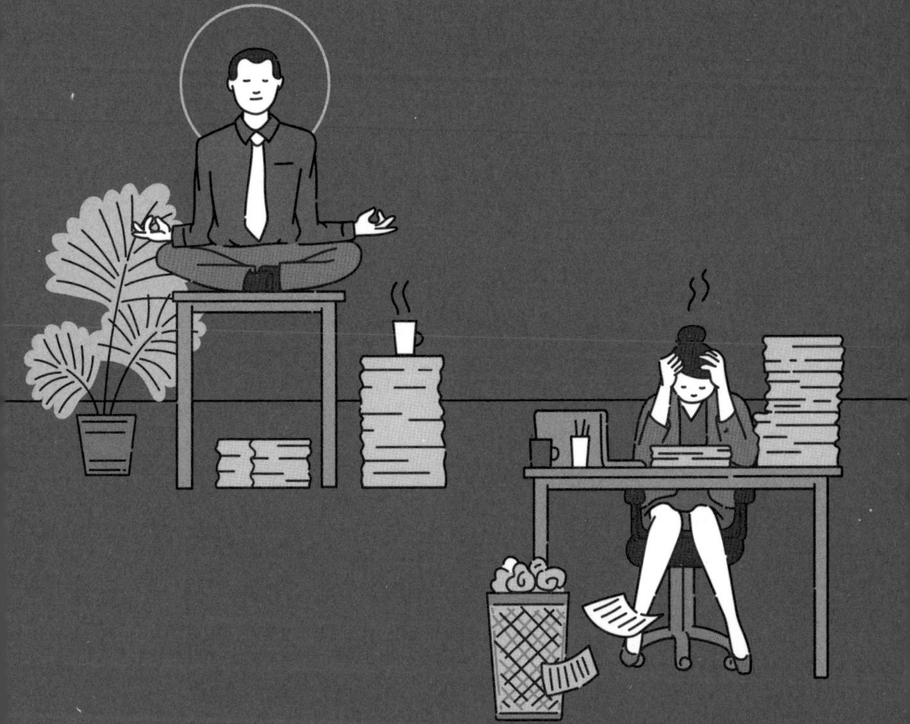

일단 뒤로
미루고 있지 않습니까

내가 원하는 것을
나중으로 미루지 않는다

아르헨티나에서 돌아오는 비행기 안에서 남미의 최남단인 파타고니아에 다녀왔다는 고령의 여행객들과 함께하게 되었습니다. 상당히 고된 여행이었던 모양인지 그중 한 여성이 한숨을 쉬면서 이런 말을 했습니다.

"파타고니아의 빙하를 보려고 목숨을 걸었다니까요. 생명이 줄어드는 것 같은 이런 여행은 두 번은 못하겠어요. 젊을 때 했다면 좋았겠지만 그 당시는 시간도 없고 돈도 없었죠. 여행을 할 수 있는 경제적, 시간적 여유가 생기니 이번에는 체력이 부족하네요."

옆에 있던 젊은 커플도 이렇게 말했습니다.

"이렇게 체력이 필요한 여행은 지금이 아니면 못한다고 생각해요."

'언젠가'만 기다리면 그날은 오지 않는다

그렇습니다. 여행은 체력을 쓰는 일이기에 건강이 중요합니다. '언젠가 가야지'라며 미루는 사이에 인생은 흘러갑니다. 그러다 보면 나이가 너무 들고 체력이 부족해 가고 싶어도 못 가는 상황이 생깁니다.

나이 들어서 하는 여행이 의미 없다는 것은 아닙니다. 하지만 좀 더 젊을 때 다양하게 감동을 맛볼 수 있는 체험을 한다면 인생 전반에 미치는 영향이 클 테니 가급적 빨리 하면 더 좋지요. 그뿐 아니라 실제로 배낭여행이나 순례길, 고지대 등반 같은 여행은 체력이 어느 정도 따라줘야 가능합니다.

그래서 저는 '언젠가는 가고 싶다'고 하는 사람이 있으면 이렇게 말합니다.

"미루지 말고 어떻게든 시간을 만들어서 지금 가세요."

오지랖을 부리는 것일 수도 있지만 망설이는 사람을 보면 절로 그런 말이 나옵니다. 여행을 갈 마음이 생기면 어떻게든 시간은 마련이 됩니다. 다른 일하는 데 쓰는 돈을 조금씩 아끼면 여행 경비를 마련하는 일도 불가능하지 않습니다. 의지가 있다면 해낼 수 있습니다.

앞날은 누구도 알 수 없습니다. 당장 내일 어떤 일이 생길지, 우리의 건강이 얼마나 유지될지, 또 우리가 얼마나 오래 살지 누가 알겠습니까. 그러니 '앞으로 남은 생명은 몇 개월입니다'라는 선고를 받았을 때 '그 일을 했었더라면 좋았을 걸' 하며 후회하지 않기를 바랍니다.

대부분의 사람들이 인생의 마지막 같은 것은 의식하지 않고 살아가고 있겠지요. 그 편이 행복하다는 사람도 있을 겁니다. 혹은 굳이 살아 있는 동안 죽음을, 생의 마지막 날을 생각할 필요가 있느냐고 항변하는 사람도 있을 테죠. 최후를 의식하고 살아갈 것인가, 의식하지 않고 살아갈 것인가? 어느 쪽이 좋은지는 그 사람이 어떻게 받아들이고 있는가, 어떻게 행동하고 있는가에 따라 결정될 겁니다.

저는 '시간은 한계가 있다'는 사실을 때때로 의식하고 살아가는 쪽이 좋다고 생각합니다. 인간은 기한을 생각하지 않으면 아무래도 미루는 습성이 있기 때문입니다. 또 생각의 범위를 좀 더 확장해서 생의 마지막을 염두에 두고 살아가면 살아 있는 매순간에 더욱 충실할 수 있을 테죠. 그러니 기한을 두고, 그 안에 그 일을 할 수 있도록 경계를 정해둘 필요가 있습니다.

사회생활을 하다 보면 뒤로 미뤄야만 하는 일은 항상 생깁니다. 눈앞의 과제를 처리하는 데 급급해 정말로 중요한 일을 계속 미루는 겁니다. 그러다 보면 한도 끝도 없이 밀리게 됩니다. 이럴 때 시간은 영원하지 않으며 반드시 끝이 있다는 걸 자각하면 태도가 달라질 수 있습니다.

시간은 남겨지거나 잃는 게 아니라 주어질 뿐
——

생명에 끝이 있다는 것은 인생에 있어 매우 중요한 사실입니다. '죽음'을 생각한다는 것은 '삶'의 시간을 진지하게 생각하는 것과 같습니다. 죽음이 있어 절망적인 게 아니라 그러하기에 삶이 더 빛나는 것이죠.

호스피스로 일했던 간호사 친구가 이런 말을 한 적이 있습니다.

"삶의 시간이 얼마 남지 않았다는 선고를 받은 사람은 모두가 온화해져. 처음 선고를 받았을 때는 침울해하고 힘들어하지만, 그 사실을 받아들이게 되면 자신이 할 수 있는 것을 긍정적으로 생각하기 시작하지."

'앞으로 몇 개월밖에 남지 않은 생명'이라고 생각하면 남과 다투거나 시시한 일로 화를 낸다거나 하는 것은 시간 낭비입니다. 돈을 벌거나 물질적인 것을 얻는 것도 아니요, 타인에게 도움이 되는 것도 아니며, 내게 행복을 주지도 않습니다. 유한한 생명을 의식하면 시간을 그런 무가치한 일 대신 자신에게 가장 소중한 것을 하는 데 쓰게 됩니다.

그 친구는 일러스트레이터였던 환자가 책을 남기는 일을 도와주었다고 합니다. 무엇인가를 남기고 싶어 하는 것은 인간의 본능인지도 모릅니다. 최후까지 일을 하려는 사람, 지금까지 하지 못했던 체험을 통해 감동을 느끼려는 사람, 소중한 가족과 일상을 보내려는 사람, 신세를 진 사람에게 감사를 전하려는 사람….

이렇게 시간을 사용하는 각자의 방법이 있는데, 그 모든 것의 공통점은 가장 소중히 여기는 것을 하려는 마음입니다. 그런 마음은 그때 당장 나타난 것이 아니라 계속해서 마음 깊은 곳에 숨어 있었을 것입니다. 단지 우리가 찾으려 하지 않았기에 몰랐을 뿐이죠.

저는 생명의 시간을 '남겨진 시간'이 아니라 '주어진 시간'으로 생각합니다. '시간이 없다'가 아니라 '시간은 있다'고 생각해주셨으면 합니다. 시시각각 시간을 잃어가는 것 같지만 애초에 시간은 소유할 수 없으니 잃을 것도 없습니다.

우리들에게는 기적적으로 주어진 시간이 있습니다. 당신은
주어진 시간을 무엇에 쓰겠습니까?

🕐 **죽을 때 후회하지 않는 시간 습관**

내게 주어진 생명의 기한을 생각한다

모든 것에 기한이 있다는 사실을 잊지 않는다

만약 우리들의 생명이 영원하다면 그것은 행복한 일일까요? 영원히 늙지 않고, 건강한 체력이 있으며, 영원히 죽음을 두려워하지 않고 살아간다면…. '만약'이라는 가정으로 있을 수 없는 일을 이야기하는 것이 의미 없는 일이라고 생각하지 말아주세요. 저는 '생명의 기한이 있다'고 하는 당연한 현실이 얼마나 고귀한 것인가를 이야기하고 싶은 것입니다.

생명은 모두에게 공평하게 주어졌습니다. 아무리 권력과 돈이 있다 해도 생명을 영원한 것으로 만들 수는 없습니다. 만약 과학기술이 진보해 일부 사람들이 신의 영역을 침범한다면, 분명 심각한 균열이 일어날 것입니다.

끝이 있기에 현재가 더 소중하다

———

만약 누구나 영원한 생명을 가질 수 있다면, 생명은 가치 없는 것이 되지 않을까요? 기한이 있기 때문에 그야말로 생명은 고귀한 것입니다. 생명뿐만이 아니라, 그 어떤 것에도 기한은 있습니다.

가까운 현실로 돌아와서 생각해봅시다. 여름휴가가 영원히 계속 된다면 어떨까요? 더는 그 휴가가 소중하거나 즐겁지 않을 겁니다. 부모님이 계속 살아 계신다면? 반복되는 일상이 계속 이어진다면? 우리들은 그 일을 지금처럼 소중히 여기지 않을 겁니다.

제가 하는 일 또한 마감 기한이 있기 때문에 일하는 동안 그 시간을 소중히 여기며 집중할 수 있습니다. '언제 끝내도 상관없다'고 생각하면 마냥 미루며 질질 끌어 일이 끝나지 않을 가능성이 큽니다. 당연히 일을 마무리하려는 동력도 잘 생기지 않겠지요.

그래서 상대방이 '아무 때나 줘도 괜찮다'라고 해도 제 스스로 마감일을 정해버립니다. 제 약점을 자각하고 있어서 '아무 때나 줘도 괜찮다'는 말을 들으면 일을 미룰 가능성 또한 있음을 알기 때문입니다.

일하는 엄마들은 시간 외 근무를 하기가 어려워서 퇴근 시간까지 일을 끝내야 한다는 자기만의 제약이 있습니다. 그래서 시간을 낭비하지 않습니다. 그중에는 짧은 근무시간에도 불구하고 우선순위에 따른 선택과 집중으로, 놀랄 정도의 업무 속도를 내며 효율적으로 일을 해내는 사람도 있습니다.

마감 기한을 생각하지 않고 긴장을 늦춘 채 일을 하면 늘어지기 일쑤죠. '벌써 6시네. 오늘은 아무것도 끝내지 못했어', '아, 오늘도 야근을 하겠군' 하는 상황이 벌어지고 맙니다.

반드시 기한을 정해두세요. 기한을 의식하고 지내면 적당한 긴장감도 생기고 오히려 삶에 활력이 돕니다. 너무 초조해하지 않으면서 지나치게 게으름 피우지 않는 시간을 보내고자 한다면 반드시 마감 기한을 정해둘 필요가 있습니다.

시간은 반복되지도 않고 되돌릴 수도 없다

일상생활뿐만 아니라 우리들의 삶에도 기한이 있습니다. 시간은 흘러가고, 같은 시간은 두 번 다시 돌아오지 않습니다. 그것을 의식해서 지금 하고 싶은 것은 지금 하는 것이 좋습니다. 연애, 여행, 좋은 사람들과의 만남, 신나고 즐거운 체험, 여성이라면 출산과 육아 등 하고 싶은 일은 무궁무진할 겁니다.

이 일들을 뒤로 미룬다는 것은 안타까운 일입니다. 나중이 되면 나이가 너무 많거나, 건강이 따라주지 않거나, 시기가 지나버려 하지 못하게 될 수도 있습니다.

또 나중이 되면 그때에 하고 싶은 일이 기다리고 있을 테죠. 인생의 후반에 들어서면 '이런 즐거움은 젊을 때는 절대로 맛보지 못했던 거야'라며 절실한 생각이 드는 행복이 있습니다. 그러니 가급적 시기를 놓치지 말고 그 일을 해야 할 때 하세요. 나중으로 미루는 사람은 행복을 맛볼 기회도, 성장할 기회도 나중으로 미루다 결국 잃어버리고 맙니다.

주변 환경이 변하듯 우리의 생각도, 마음도, 몸도 늘 변화해 갑니다. 그러니까 그때그때의 생각과 바람을 소중하게 여겨주면 좋겠습니다.

저는 여행할 때 우연한 만남을 소중히 여깁니다. '지금 이 사람과 이야기하고 싶다', '지금 이곳으로 가고 싶다'라고 생각하면 바로 실행해버립니다. 지금 그곳에 있는 사람도, 지금 그 장소도 지나가면 두 번 다시 만날 수 없기 때문입니다. 여행에서는 '뒤로 미루기'를 할 수 없습니다. 마치 여행을 하듯 일상을 보낸다면 현재의 시간을 좀 더 충실하게 보낼 수 있겠지요.

기한이 있다는 것은 자연스러운 일이기도 합니다. 모든 것은 변화하며, 우리들 인간도 주변의 자연과 환경처럼 언젠가는 쇠하고 최후의 시간을 맞이합니다. 꽃이 아름답게 피듯이, 기한이 있기 때문에 인생의 시간이 아름답게 빛나는 것일 테니까요.

🕐 죽을 때 후회하지 않는 시간 습관

흘러간 시간을 돌이킬 수 없다는 것을 인식하고
현재의 시간을 충실하게 보낸다

내일 할 일은
내일 한다는 말의 뜻

얼마 전, 모교에서 강연하던 중 한 여고생에게서 이런 질문을 받았습니다.

"주말에는 숙제와 예습, 복습 등을 철저히 하고, 금요일에 할 일, 토요일에 할 일, 일요일에 할 일… 이런 식으로 계획을 세워서 실천하려고 하는데 도저히 할 마음이 들지 않아요. 결국은 매주 월요일 아침에 허둥거리면서 해버려요. 어떻게 해야 할까요?"

"그렇지만 그럭저럭 해치우지요?"

"네, 시간이 촉박해지면 저 자신도 놀랄 정도로 힘이 생겨나요. '어째서 지금까지 이런 힘이 나오지 않았지'라며 희한하다는 생각이 들더라고요."

"아마도 어렴풋하게 계산을 하고 있는 거겠지요? 월요일 아침에 바짝 하면 할 수 있다고요."

"아, 그런 거군요…."

"네, 그런 겁니다. 시간이 있어도 하지 않는 사람은 대부분 늘 아슬아슬한 시간에 일을 하며 '어떻게든 제 시간에 맞게' 해내는 데 성공하고 있습니다. 그렇기 때문에 그 같은 '성공 체험'이 쌓여서 나중에 해도 할 수 있다는 자신감을 어딘가에 넣어두고 있는 거죠. 그 자신감이 점점 쌓이면 '나중에 할 일'이 자꾸자꾸 늘어나는 악순환에서 빠져나오지 못하게 됩니다. 좋고 나쁘고는 차치하고 말이죠."

부담을 안은 채 일을 미루는 사람의 특성

'해야만 해'라고 생각하는 것은 어쨌든 압박입니다. '하지 않으면 안 돼!'라고 스스로를 심하게 재촉하면 재촉할수록 행동을 하지 않게 됩니다. 압박과 재촉은 하고 싶은 마음을 사라지게 하니까요. 그러므로 자꾸 일을 미루는 사람에게는 부드럽게 권유를 하는 것이 좋습니다.

'있잖아, 우선은 5분만 해볼래?' 이런 식으로 자기를 다독이는 겁니다. 1시간 하는 것은 힘들다고 생각해도 5분 하는 것은 부담이 적어서 누구라도 가능합니다. 일단 시작하면 반은 끝난 것과 마찬가지입니다.

일을 선뜻 시작하지 못하고 밍기적거리는 사람일수록 엔진에 시동이 걸리면 몰두해서 멈추지 못할 정도로 노력을 합니다. 완벽히 하려는 마음 때문에 밍기적거리는 경우도 많기 때문이죠.

다만, 저는 숙제를 월요일 아침에 하는 것 자체는 나쁘다고 생각하지 않습니다. '저걸 해야만 하는데…'라는 마음의 압박과 부담을 계속 안은 채 모처럼의 주말 시간을 불편하게 보내는 것이 걸릴 뿐이죠. 차라리 '숙제는 월요일 아침에 할 거니까 괜찮아'라고 태도를 바꾸세요.

아무것도 하지 않으면서 계속 걱정하며 부담을 지고 있는 건 에너지 낭비입니다. 차라리 그 시간에 놀거나 영화를 보거나 책을 읽으면 좋겠지요. 아니면 계속 걱정하고 불안해하며 시간을 보내는 대신 그 일을 빨리 해버리는 것도 방법입니다. 먼저 할 일을 해버린 후에 가벼운 기분으로 노는 쪽이 좋지 않을까요?

내일 할 일을 오늘 고민하지 말자

___

고등학생 시절의 담임 선생님께서 졸업식 때 이런 말씀을 해 주셨습니다. "내일 할 수 있는 것은 내일 하도록 하세요."

그 무렵에는 '무슨 말씀을 하는 거야. 그건 게으름뱅이잖아' 라며 속뜻을 이해하지 못했습니다. 어린 저의 단편적인 생각에는 선뜻 이해가 안 되는 말이었으니까요. 지금에서야 대단히 뜻깊은 말씀이었다고 느낍니다. 자기 나름의 방식으로 조심스럽게 살아온 선생님은 시간의 본질을 잘 알고 계셨던 것일지도 모릅니다.

많은 어른들이 '오늘 할 수 있는 것은 오늘 하자', '오늘 할 일을 내일로 미뤄서는 안 된다'는 철학 아래 살고 있습니다. 하지만 내일 할 수 있는 일이라면 내일 해도 괜찮습니다. 내일 해도 되는 일 때문에 굳이 오늘, 마음을 힘들게 할 필요가 있을까요?

'오늘 안으로 해야 해'라며 오늘이라는 시간 안에 여러 가지 것을 가득 채우려고 하면 마음은 부담을 느끼게 됩니다. 뭐든지 오늘 처리해야 한다며 늘 시간에 대한 압박을 안고 있으면 마음은 무거워지고, 무거운 마음은 그 일에 대한 부담으로 돌아옵니다. 그래서 기한이 다가오고 있는데도 왠지 그 일에 선뜻 달려들지 못한 채 좀처럼 행동하려 들지 않는 상태가 됩니다.

시간에 얽매이지 않고 의사 결정을 하기 위해서는 자기의 마음을 기준으로 시간을 선택해야 합니다. 저는 스트레스가 될 것 같은 일부터 빨리 해버립니다. 스트레스가 되지 않는 일이라면 나중에 합니다. '이것은 내일 할 거니까 괜찮아'라고 결정하고 그때까지 그 일은 잊어버립니다. 제게는 부담 없는 평온한 시간이 찾아옵니다.

"내일 할 수 있는 것은 내일 하세요."

이 말은 '오늘 하고 싶은 것을 오늘 하세요'라는 뜻이었음을 나중에서야 깨달았습니다.

🕐 **죽을 때 후회하지 않는 시간 습관**

> 마음을 기준으로 오늘 할 일을 선택한다

스케줄은
중요한 일정부터 짠다

―

앞서 '내일 할 일은 내일 하세요'라고 말한 것은 마냥 일을 미뤄 게으름을 떨라는 의미가 아닙니다. 언젠간 해야지 하면서 뒤로 미루기만 하고 있으면 영원히 하지 못하게 됩니다. 그러므로 다음으로 미룰 때에는 계획을 세우는 것이 필수입니다.

주어진 시간은 같지만 쓰는 방식은 다르다
―

일반적으로 시간을 알차게 쓰는 사람들은 장기휴가를 내서 여행을 간다거나 자원봉사에 참가하는 등 자신이 중요하다고 여기는 것에는 시간을 충분히 할애합니다. 그런 사람은 '바로 이 사람이야!'라고 생각하는 사람과의 교제에도 충분히 시간을 씁니다. 공부 역시 마찬가지죠. 본인이 해야겠다고 마음먹은 일을 차례차례 해냅니다.

반면, 그다지 바쁘지 않은데도 습관처럼 시간이 없다고 핑계를 대는 사람은 마냥 꾸물거립니다. 결국 쓸데없이 시간을 써버리고 정작 하고 싶은 일을 하지 않는 사람도 많습니다.

자격증을 따야겠다는 생각을 3년째 하고 있지만, 일을 끝내고 귀가하면 피곤해져서 다른 것을 할 여유가 없다는 사람이 있습니다. 집 정리를 하자고 생각만 한 채 5년이 흘렀다는 사람도 있습니다. 이런 식으로 해야 한다고 생각만 하면서 계속 미루는 사람들이 의외로 많습니다.

'저 일을 하고 싶지만 하지 못해'라고 마음에 걸려 하면서 시간을 보낸다면 초조함도, 왠지 모를 찝찝함도 점점 더해가겠지요. 그렇게 불편한 마음으로 몇 년씩이나 일을 미루는 이유는 무엇일까요? 어째서 시간을 내지 못하는 것일까요?

바로 다음 이유 때문입니다. 제일 먼저 중요한 일정부터 넣지 않았기 때문입니다. 시간을 낼 수 있는 사람은 우선 자기한테 '중요한 시간'부터 확보합니다. 그리고 남은 시간에 다른 일상적인 것을 합니다.

시간이라는 상자에 제일 빛나는 돌부터 담자

앞서 말한 이들과 달리 자기 시간을 내지 못하는 사람은 '시간이 생기면 그때 하자'라고 생각합니다. 즐겁지 않은 일들만을 계획에 넣다 보니 정작 즐거운 일은 들어갈 자리가 없어 밀려나는 게 아닐까 싶습니다.

이는 시간을 굉장히 잘못 사용하고 있는 방법입니다. 시간이라는 것은 '상자'와 같습니다. 누구나가 가지고 있는 같은 크기의 상자에 시간이라는 '돌'을 넣는다고 생각하면 이해하기 쉽겠지요.

그 '돌'을 넣는 방법은 크게 두 가지로 나눌 수 있습니다.

1. 우선 큰 돌을 넣고 빈틈에 작은 돌을 넣는 사람
2. 작은 돌부터 넣어서 큰 돌을 넣지 못하는 사람

1번의 경우, 중심에 큰 돌을 가득 넣고 생겨난 빈틈에 맞춰서 작은 돌을 넣기 때문에 구석구석 돌이 들어갈 수 있습니다. 빈틈도 없고 결과적으로 많은 돌을 넣을 수 있죠.

2번의 경우, 이 돌 저 돌을 무작위로 상자에 넣기 때문에 나중에 큰 돌을 넣으려고 해도 들어가지 않습니다. 쓸데없는 빈틈이 많아서 결과적으로는 소량의 돌 밖에 들어가지 않죠.

저도 오랜 기간 2번과 같은 사람이었습니다. 작은 돌을 마구잡이로 넣어서 정작 중요한 돌이 들어가지 못하게 하는 사람이었죠. 그러나 어느 날, 이러다가는 시간에 휩쓸리고 말겠다는 느낌이 들어 생각을 바꾸었습니다.

그중 하나가 '매년 한 가지 테마를 정해서 재미있는 여행을 하자'는 결심입니다. 연초에 무엇보다도 먼저 여행계획을 일정에 넣습니다. 만나고 싶은 사람을 만나러 가는 시간, 하고 싶은 것을 차분하게 하는 시간도 어느 정도의 유연성을 갖고 확보합니다.

그 빈틈에 일상에서 해야 할 일과 여가 등을 넣습니다. 그러자 중요한 시간을 확실히 확보할 수 있게 됐습니다. 나아가 재미있는 현상이 벌어지기 시작했습니다. 중요한 일을 앞두고는 '아, 나한테는 그 일이 있지. 그 전까지 이 일을 끝내자'라며 일상에 기분 좋은 활기가 생긴 것입니다.

그 일이 끝난 후에도 하길 잘했다는 만족감 속에서 일상으로 돌아갈 수 있었습니다. 일을 하는 앞뒤의 시간을 기분 좋은 긴장감을 갖고 보낼 수 있었지요.

그러므로 상자에 맨 먼저 넣는 돌은 가능하면 '기쁨이 큰 돌'이어야 합니다. 맨 먼저 넣은 큰 돌이 인생이라는 시간을 밝게 빛내줄 테니까요.

　당신은 인생에서 소중한 것을 가장 홀대하겠습니까, 아니면 소중한 것을 가장 우선시하겠습니까?

🕐 **죽을 때 후회하지 않는 시간 습관**

일정에 꼭 하고 싶은 것을 가장 먼저 넣는다

너무 깊은 생각은
행동으로 끊는다

'새로운 내일'을 시작하는 규칙

생각만 하다가
기회를 놓치지는 않습니까

불안이
발목을 잡고 있다면

―

우리는 인생이라는 시간을 스스로 움직이며 살아가야 합니다. 여기에서 말하는 '움직인다'는 것은 물리적으로 움직이는 것만을 말하는 게 아닙니다. 많이 움직이거나 멀리 움직여야 좋다는 것도 아닙니다. 책을 읽고 그 안에서 지혜를 찾는 사람, 다양한 경험을 하며 건설적으로 자신의 세계를 넓히는 사람, 평소와 변함없는 일상을 담담하게 보내고 있어도 행복을 놓치지 않고 살아가는 사람도 있습니다.

여기서 움직인다는 것은 '단 한 걸음이라도 내가 가고 싶은 방향으로 전진한다'는 뜻입니다. 그렇게 하면 기쁨을 느끼는 시간이 계속 늘어나면서 점점 쌓여가겠지요.

생각만 하고 있으면 불안이라는 망상이 활개를 친다

내 뜻대로 움직인다는 게 말로는 간단한 것 같지만 현실에선 쉽지 않습니다. 사회의 여러 가지 일들을 경험하고 나면, 하고 싶을 것을 다 할 수 없다는 사실에 쉬이 발걸음을 내딛지 못하곤 합니다. '이직을 하고 싶지만…', '그와 결혼하고 싶지만…', '저걸 배우고 싶지만…'이라며 이루고 싶은 꿈과 뜻이 있어도 선뜻 도전하지 못합니다.

어째서 움직이지 못하게 되는 걸까요? 마음이 원하는 것을 하지 못해 괴로워하고 있다는 것은 마음이 보내는 사인입니다. 그런데도 선뜻 변화를 꾀하거나 재빠르게 행동하지 못하는 것은 확신과 자신감이 부족하기 때문입니다.

'하고 싶다'고 마음으로 느끼는 것(감성)보다도 '정말 할 수 있는가'라며 머리로 하는 생각(이성)이 더 강한 것이죠. 이성적으로 생각하는 것은 좋지만 지나치지 말아야 합니다. 생각과 고민이 지나치면 '불안'에 말려들고 마니까요. 불안이라는 감정은 애초에 자신의 몸을 지키기 위해 존재하며, 인간은 생존을 위해 좋은 정보보다는 위험한 정보를 더 민감하게 알아차린다고 합니다.

그러나 이것이 지나치면 과잉보호를 하게 되고 도전을 멈추게 되지요. 계속 그 일의 위험과 안 됐을 때의 부담을 생각하다 보면 불안이라는 망상의 괴수는 점점 커집니다. 일어나지도 않은 일을 미리 두려워하며 불안이라는 어두움에 지배당하는 겁니다.

이때는 불안 요소를 냉정히 받아들이고 대처하면 됩니다. 이성에만 의지해 계산하고 있으면 마음 깊은 곳에 있는 감성의 목소리는 듣기 어려워집니다.

예를 들어보죠. 어릴 때부터 동경하며 꿈꾸었던 직업에 대한 미련이 있는데 머릿속으로 계속 이런 고민을 합니다. '그 일을 하기에는 너무 늦은 걸지도 몰라', '괜히 새로운 일을 시작했다가 돈이 되지 않아서 생계가 어려워질 수도 있어', '인터넷을 검색해봐도 그 일이 그다지 비전이 있는 것 같진 않아'와 같은 변명을 하면서 조금도 움직이지 못합니다. 꿈을 외면한 채 만족하지 않는 현실에 안주해 있으면 그야말로 아까운 시간을 그냥 보내는 것입니다.

움직이고 있으면 불안의 안개도 걷힙니다. 머릿속 생각으로 실패의 가능성을 연상하지 말고 부딪쳐보는 거죠. 일단 한번 해보면 그 일이 내게 맞는지 아닌지, 발전의 가능성은 있는지 여부를 알아볼 수 있습니다. 아무것도 시도하지 않으면 가능성은 0이지만, 일단 시도하면 가능성은 50퍼센트를 넘게 되니까요. 혹여 천직을 발견할 수도 있지 않겠습니까. 어쨌든 시도해봐야, 즉 움직여야 답을 알 수 있습니다.

감성을 소중히 여기되, 이성으로 지지한다

———

이성이 이끄는 대로만 살아서는 진정한 행복과 만족을 얻을 수 없습니다. 또 감성만을 따랐다고 해서 반드시 잘 풀린다고 할 수도 없습니다. 중요한 것은 감성을 소중히 여기되, 이성으로 지지한다는 마음가짐입니다. 감성과 이성의 균형을 잘 맞춘다면 사안을 좀 더 바람직한 방향으로 바라볼 수 있을 겁니다. 당연히 현명한 선택을 하게 될 테죠.

가고 싶은 곳이 있다면 일단 그 방향으로 움직여야 합니다. 살아가다 보면 일이 잘 풀릴 때도 있고, 잘 풀리지 않을 때도 있습니다. 매번 좋은 일만 생기는 삶이란 있을 수 없죠. 늘 성공만 하는 사람도 없습니다. 그렇게 희비의 곡선을 겪고, 때론 실패하기도 하는 게 인생입니다.

넘어진 자리에서 다시 일어나면서 우리는 잘 넘어지는 법도 일어서는 법도 배웁니다. 그 과정에서 삶을 어떻게 이끌어가야 할지에 대해서도 배우죠. 우리들은 결국, 자신의 경험치와

그에 따른 학습을 통해서만 판단할 수 있습니다.

새로운 방향으로 걸어 나갈 때는 '도전'이 아니라 '실험'이라고 생각하면 좋겠습니다. 확신이 들지 않아 혼란스럽다면 어떻게 방향을 찾아야 할지 방법을 생각해봅시다. 생각하고 나서 움직이는 것이 아니라, 움직이면서 생각해야 합니다. 결과가 어떻든 간에 앞으로 나아가면 뭔가를 배우게 되고 다음 장의 전개로 이어질 수 있습니다.

간디는 이런 말을 했습니다.

"내일 죽을 것처럼 생각하며 살아라. 영원히 살 것처럼 생각하고 배워라."

'움직이는 것'이야말로 '배우는 것'이며 '성장하는 것'입니다. 높은 산에 오르듯이 한 걸음 한 걸음 발걸음을 옮기며 끝없이 움직여봅시다. 저 높은 곳에서 만끽할 수 있는 아름다운 풍경을 보기 위해서.

🕐 **죽을 때 후회하지 않는 시간 습관**

새로운 시도는 '도전'이 아니라 '실험'이라고 생각한다

시간 낭비에 대해
우리가 오해한 것들

—

열심히 살아온 사람이라 해도 지금까지 인생을 낭비해왔다는 생각, 시간을 허투루 써왔다는 생각에 빠진 적이 한두 번쯤은 있을 겁니다. 저 역시 그런 적이 있었습니다.

'낭비'와 '필요'는 사람마다 다르다

저는 그동안 50가지 이상의 일을 해왔습니다. 덕분에 지금은 '인생에서 쓸데없는 시간은 하나도 없다'고 달관할 수 있게 되었지만, 처음부터 그런 건 아니었습니다. 이직할 때마다 '또다시 출발점으로 돌아온 걸까'라고 생각하며 실의에 빠졌습니다. 애를 쓰며 몇 년이나 걸려서 배운 일이 무용지물이 되는건가 싶어 허탈한 적도 많았고요.

그때의 경험들이 쌓여 인생의 중요한 자산이 되었다는 사실을 깨달은 것은 훨씬 나중이 되어서입니다. 시간을 낭비한다는 말을 자주 하고 자주 듣지만 무엇이 '낭비'이며 무엇이 '필요'한 것인가는 매우 주관적입니다. 그 사람이 무엇을 원하고 있는가에 따라 필요인지 낭비인지가 결정됩니다.

예를 들면 TV를 보다가 '아, 또 쓸데없이 시간을 보냈네'라고 생각하는 사람이 있는가 하면, '진짜 재미있었어'라고 생각하는 사람도 있습니다. 그 시간이 내게 어떤 가치를 지녔느냐에 따라 낭비일 수도 있고 아닐 수도 있죠. 이때 중요한 것이 목적입니다.

시간의 낭비를 없애려면 '내가 하고 싶은 것은 무엇인가' 하는 목적을 명확히 하고, '그것을 이루기 위해 필요한 시간은 얼마인가'를 이해해야 합니다. 극단적으로 말해 목적 없이 무의미하게 하는 행동은 쓸데없는 시간 낭비일 수 있습니다. 자칫 잘못하다가는 그런 낭비를 매일 그리고 몇 년, 혹은 평생을 되풀이할 수도 있죠.

어떤 실패에서도 건져낼 것은 반드시 있다

우리들은 일이 잘 풀리지 않았을 때 무의식적으로 실패했다고 느낍니다. 그리고 그것을 '쓸데없는 시간'과 동일시하는 경향이 있습니다.

소소한 일을 예로 들어봅시다. 미술 작품을 즐기려고 미술관에 갔는데 마침 휴관일이어서 헛걸음을 했습니다. 그러면 사람들은 '이럴 줄 알았으면 차라리 다른 데 갈걸' 하며 아쉬워합니다. 헛걸음하느라 쓴 시간을 후회스러워합니다.

좀 더 큰일을 예로 들 수도 있습니다. 연인과 결혼할 생각으로 교제하고 있었는데 상대가 변심하는 경우입니다. 상대와 함께했던 시간을 돌려받고 싶어질 수도 있습니다. 그러나 모든 일이 늘 잘 풀리고 좋은 결과만 가져오지는 않는다는 것을 알아야 합니다.

연인과 헤어졌다고 해서 그와 함께했던 모든 시간이 다 무의미할까요? 그렇지 않을 겁니다. 분명 좋았던 순간도, 감동했던 일도, 행복했던 추억도 있지요. 좋지 않은 일 속에서도 좋았던 순간을 찾아낼 수 있습니다. 일이 마음처럼 잘 풀리지 않을 때는 잘했던 일, 작은 성취의 경험, 그 과정에서 배운 것 등을 찾아내도록 합시다. 건져낼 것이 반드시 있습니다.

우리가 낭비라고 생각하는 것은 '아무런 이용가치도 없다' 고 생각하기 때문입니다. 좋은 것을 하나라도 찾게 된다면, 그 시간은 쓸데없는 시간이 아니겠죠. 또 실패는 곧 쓸데없는 시간이라는 생각 때문에 실패에 대한 두려움으로 좀처럼 움직이지 못하기도 합니다. 특히 우리들은 표면적인 것을 보고 실패와 성공을 판단해버립니다.

당장 결혼할 가능성이 보이지 않는 연애에 겁을 냅니다. 사귀었다가 헤어지면 실연의 아픔을 감당해야 합니다. 그게 두려워 망설이죠. 도전하고 싶은 대회가 있어도 실패가 두려워서 도망쳐버립니다. 새로이 하고 싶은 일이 생겨 업을 바꾸려 할 때도 잘못되면 어쩌나 하는 생각에 단념하고 맙니다.

안전한 길에서는 결코 얻을 수 없는 것들
———

실연과 실패는 일시적으로 보면 뭔가를 잃어버리는 것 같지만 그것이 꼭 손해이기만 한 건 아닙니다. 관점을 바꿔 생각하면 연애하고 일을 하는 과정에서 분명 얻는 것이 있습니다. 좋은 감정이든, 추억이든, 일하는 과정에서 배운 것이든. 그 경험들은 이후 나아갈 길을 깨닫는 밑거름이 되고 어떻게든 인생에

약이 됩니다.

울퉁불퉁 험난한 길을 만나거나 혹은 막다른 길에 놓였다면 궤도 수정을 하면 됩니다. 조금 지체되거나 돌아간다 해도 바른 길을 찾아내면 되지요. 길을 잃거나 조금 헤맸다고 해서 다시 나아갈 수 없는 건 결코 아닙니다.

길을 잃고 잠시 헤매는 과정에서 우리가 보고 들은 것들은 어떻게든 우리 삶의 자원이 됩니다. 그런 시행착오를 통해서 바른 길을 찾을 수 있고, 무모함과 성급함 대신 신중함을 얻게 되지요.

안전한 길로만 가려고 하면 표면적으로는 성공한 듯 보일지도 모릅니다. 하지만 현실과 마음과의 간격은 점점 벌어지겠지요. 자신이 원하는 길은 따로 있는데, 그것을 포기하고 안전한 길로만 가면 영원히 꿈을 이룰 기회와 시간을 잃어버리고 맙니다. 가지 않은 길에 대한 미련이 마음 한 켠에 남아 허전함을 안겨줄 테고요.

넘어지지 않지만 꿈을 포기하는 인생보다는 넘어지더라도 꿈에 도전하는 즐거운 인생, 성장해가는 인생을 목표로 해야 우리 삶에 생기가 돕니다. 그런 목표를 정한다면 매일매일 하는 행동도 바뀌기 시작하겠지요.

다른 사람들과 잡담을 나누는 시간, 우두커니 혼자 있는 시간 등 목적 없이 보내는 시간이야말로 호사스러우며 풍족한 시간입니다. 이런 시간을 무조건 낭비라고 생각하지 마세요. 열심히 일하면 휴식이 필요하듯 가끔은 여유롭게 흘려보내는 시간도 필요합니다. 이런 시간들이 정말로 중요한 시간을 위해서 도움이 되는 경우도 있습니다.

　손실과 이득, 결과에만 지나치게 매몰되지 말아야 합니다. 그런 계산은 조금 떨쳐내고 마음이 이끄는 대로 발길을 돌려보세요. 그러면 저절로 길이 펼쳐질지도 모릅니다.

🕐 **죽을 때 후회하지 않는 시간 습관**

'쓸데없는 시간'에서 이용가치를 발견한다

매순간의 기분을
소중히 여기기

———

대만에서 지내며 바뀐 생활 습관이 하나 있습니다. 앞날의 일정을 짜지 않게 된 것입니다.

대만 사람들은 그때 당시의 기분에 따라 행동하는 경우가 많습니다. 물론 다 그렇지는 않지만요. 밤에 연락해서 '빙수가 먹고 싶은데 지금 먹으러 가지 않을래?' 하고 물으면 사람들이 모여듭니다. 누군가의 집에 놀러 가면 '오늘 자고 갈래?'라고 하는 경우도 많습니다. 그만큼 즉흥적입니다.

대만에서는 타인의 집을 예고 없이 방문하는 것이 오히려 예의입니다. 언제 가겠다고 미리 말을 하고 가면 손님 맞을 준비를 하고 기다려야 하기 때문이죠. 반면 갑작스럽게 가면 집이 조금 덜 깨끗해도 갑작스러운 방문이라 치우지 못했다는 변명을 할 수 있습니다.

꽉 찬 일정이 충실한 삶을 의미하는 건 아니다

그런 생활이 꽤 마음에 들었던 저는 가능하면 평일 밤과 주말에는 일정을 만들지 않게 되었습니다. 낮에도 일을 하고 있기 때문에 약속은 거의 만들지 않습니다. 장기휴가 여행이나 바빠서 좀처럼 일정을 조정하기 어려운 사람과의 약속 같은 것 외에는 말이죠.

이런 습관이 일본에서 통할지 의문이었습니다. 일본 사람들은 기질적으로 대만 사람들과 많이 다를뿐더러 즉흥적인 것을 썩 좋아하지 않으니까요. 그런데 놀랍게도 통하더군요.

최근 몇 년은 '오늘 저녁 같이 먹자', '이야기 좀 하고 싶은데 지금 그쪽으로 가도 될까?', '우리 주말에 잠깐 만나 차나 한잔 하면 어때?'라는 갑작스러운 제안을 사람들이 흔쾌히 받아주었습니다. 상대와 제가 이심전심 통한 건지, 우연찮게 상황이 맞아떨어진 건지는 모르겠지만 '잘됐다, 마침 오늘 일정이 비었거든'이라며 대부분 저를 만나주었어요.

누구라도 일정이 너무 많으면 부담스럽지 않을까 싶습니다. 친구가 저녁이나 같이 먹자는 연락을 갑작스럽게 해왔다고 가정해봅시다. 오늘 일정을 확인하니 하루 종일 숨 쉴 틈 없이 꽉 차 있습니다. 왠지 피곤하기도 하고 나갈 기분이 아니라는 생각이 들어서 약속을 거절한다면 상대를 난처하게 만들겠지요. 반대로 몸도 마음도 피곤한 채로 억지로 약속 장소로 향한다면 어떨까요? 그 만남이 즐겁기 어려울 겁니다.

직장인들의 경우 1~2주 정도는 일정이 꽉 차 있는 사람이 많습니다. 간혹 '오늘이나 내일쯤 시간 어때?'라고 물으면 '약속을 그렇게 급하게 잡으면 어떻게 하느냐'며 비상식적인 사람으로 취급합니다. 그런데 관점을 바꾸면 미리 약속을 잡아야 할 만큼 매일 매일이 일정으로 꽉 차 있다는 걸 뜻합니다. 그런데 정말 그렇게 해야만 하는 걸까요?

일주일에 하루 정도는 즉흥적인 활동을 위해 비워두자

저 역시 그런 삶을 살았기에 잘 알고 있습니다. 정말 중요한 일, 정말 하고 싶은 일, 나중으로 미뤄도 되는 일 등의 우선순위 없이 일단 일정을 채우는 겁니다. 일정이 비어 있으면 뭔가 허전하다는 생각에 이 일 저 일 다 집어넣는 거죠. 정작 자신의 마음에게 묻지도 않고 말입니다.

하루 종일 빼곡한 일정으로 나름대로 바쁘게 지냈으므로 충실하게 살고 있다는 착각에 빠지기도 합니다. '나는 한순간도 느슨해지거나 허투루 보내지 않아. 늘 무언가를 열심히 하고 있는 사람이야' 하면서요. 그런데 그런 삶이 정말 충실한 삶인지는 따져봐야 할 일입니다.

계획에 잡혀 있는 일이니까 계속 하고는 있지만 정작 마음은 그 일을 원하지 않는 경우가 많습니다. 나중에는 원하고 필요해서 그 일을 하는 게 아니라, 그저 일정을 소화해야 한다는 의무감으로 시간을 써버리게 됩니다.

일정을 일말의 빈틈도 없이 채우지는 말도록 합시다. 평일 밤이나 휴일의 하루 정도는 그날의 날씨, 컨디션, 기분에 따라 일정을 결정하자는 마음으로 비워두는 것도 좋습니다. 날씨가 좋으면 공원으로 산책을 갈 수도 있고, 방을 정리할 수도 있습니다. 책을 읽으며 여유롭게 보내거나 재미난 영화를 한두 편 봐도 좋지요.

스케줄을 미리 짜놓지 않고 그날의 기분이나 상황에 따라 다소 즉흥적으로 뭔가를 할 수 있도록 여유 시간을 비워두길 바랍니다. 누군가 갑작스레 만남을 청해올 때, 마침 일정이 비어 있어 흔쾌히 나갈 수 있다면 더욱 좋지 않을까요?

물론 일하기 좋아하는 사람이라면 그 여유 시간에 일을 할 수도 있죠. 뭘 하든 상관없습니다. 반드시 주의해야 하는 것은 '느긋한 시간을 만든다'는 목적을 위해서 바쁘게 보내지 않도록 하는 것입니다.

시간 활용에도 여백이 필요하다

요즘에는 시간을 여유롭게 활용한다는 명목으로 아침이나 저녁 시간을 특별히 활용하려는 흐름이 있습니다. 애매하게 흘려보내기 쉬운 시간대이므로 무리하지 않고 즐길 수 있는 범위에서라면 권할 만합니다.

그러나 이른 아침에 열리는 세미나에 참석하기 위해 수면시간을 줄이거나, 저녁시간 이벤트에 참가하려고 주말에도 집에 일을 싸가지고 가야 한다면 본말이 전도된 것입니다. 그것이야말로 '느긋한 시간'을 위해서 시간에 얽매이게 되는 아이러니한 상황인 거죠.

자유라는 것은 자유롭게 움직이는 시간이 있다는 뜻입니다. 자신이 짜놓은 일정을 완수해내기 위해 쉴 틈 없이 바쁘다면,

그건 결코 자유로운 것이 아닙니다. 빈틈없이 일정을 짜두지 말고 느긋하게 혹은 내키는 대로 할 수 있는 여백을 만들어둡시다.

🕐 **죽을 때 후회하지 않는 시간 습관**

일정은 최소한으로 만들어둔다

나를 행복하게 만드는
관계에 집중한다

'마음의 버팀목'을 발견하는 규칙

중요한 사람에게
시간을 쓰고 있습니까

타인에게 행복을 주면
내 행복도 늘어난다

자신의 시간을 어떻게 쓰든 그건 개인의 자유입니다. 책을 읽든, 영화를 보든, 맛있는 음식을 먹든, 여행을 가든 자기가 원하는 것을 하면 됩니다. 이처럼 자신을 위해, 자신이 좋아하는 일을 하면서 행복감을 느끼게 됩니다.

그러나 타인에게 즐거움을 주고 있음을 실감할 때도 우리는 행복을 느낍니다. 내가 좋아하는 사람들을 위해 음식을 만들고, 선물을 하는 것도 그런 이유 때문이죠. 그래서인지 생이 얼마 남지 않았을 때, 가족에게 혹은 주변 사람들에게 잘해주지 못한 것을 후회하는 이들이 많습니다.

우리는 고독한 섬이 아니다

───

시간은 '생명' 그 자체입니다. 생명이 끝나면 시간도 끝이 나니까요. 살아 있는 모든 것이 자연으로부터 혜택을 입고 또 자신의 생명에서 무엇인가를 줍니다.

그렇게 이 세상의 생명체들은 또 인간들은 서로 영향을 주고받으며 연결돼 있습니다. 어쩌면 인간에게는 누군가와 혹은 무엇인가와 연결돼 있다는 생각이, 또 그러고 싶은 욕구가 본능적으로 있을지도 모르겠습니다.

예전에 취재했던 사람 중에 큰 병을 앓은 사람이 있습니다. 그는 수술을 한 뒤 가족과도 헤어지게 되었고, 자신의 남은 생명에 대해 진지하게 생각하게 됐습니다. 그러다 공짜나 다름없는 외진 시골의 작은 산을 사서 수국 꽃을 심기 시작했습니다.

'하루 24시간 중 8시간은 자는 시간이고 8시간은 일하는 시간이니, 남은 8시간은 내 생명을 내가 하고 싶은 일에 쓰자.' 이렇게 결심했다고 하네요. 날이 어두워지면 차의 전조등을 켜놓고 수국을 심고, 비가 오는 날에는 비옷을 입고 수국을 심었습니다. 밝으나 어두우나, 추우나 더우나 가리지 않고 혼자서 수국 심는 일을 멈추지 않았죠.

몇 년이 지난 어느 해 그 산은 아름다운 수국 꽃으로 가득

찼고, 많은 사람들의 발길이 이어졌습니다. 그를 지지해주는 새로운 가족도 생겼습니다. 찾아오는 사람들을 진심으로 환영해주는 그의 모습이 환하게 빛나고 있는 것처럼 보였습니다. 예전에 병을 앓았다고는 생각하지 못할 정도의 건강한 모습이었지요.

그에게 처음부터 '남을 위하고 싶다'는 마음이 있었는지 여부는 잘 모릅니다. 하지만 큰병을 앓고 생의 위험한 고비를 넘으며 생명을 더욱 진지하게 여기게 됐던 겁니다. 그는 자신만을 위해서가 아니라 다른 이들을 위해서 무엇인가를 남기기로 결심했고 실행했습니다. 보이지 않지만 연결되어 있는 세상의 모든 생명체와 말이죠.

필요한 사람이 된다는 것의 의미
⎯⎯

젊을 때는 타인을 위해 할 수 있는 일이 적으며 '자신에게 주어진 것'에서 기쁨을 느끼게 마련입니다. 회사로부터 받은 것, 애인과 남편한테 받은 것, 친구한테 받은 것. 주고받은 것의 손익을 따지거나, 내가 주고 있는 것과 남한테 받고 있는 것의 균형을 생각할지도 모릅니다.

그러나 점점 나이를 먹어감에 따라서 주는 쪽으로 바뀌어가고 손익을 따지는 것도 줄어들게 됩니다. 궁극에는 자신이 남을 위해 할 수 있는 일이 있고, 도움이 될 수 있음에 즐거워하게 되죠.

현재 저는 농촌에서 지내고 있는데 주변 사람들 대부분이 어르신들입니다. 농사 지은 채소를 나눠주시거나 손수 만든 요리와 채소 절임을 맛보라며 주십니다. 아무 답례도 못 드려 죄송스러워하면 손사례를 치며 웃으시죠. 그저 이웃과 나눠먹는다는 것, 그 자체에서 행복을 느끼시는 겁니다.

혼자 생활하시는 80세 할머니가 계신데, 새벽 3시에 일어나서 팥밥과 톳조림을 만들어 지역 시장에 팔러 나가십니다. 힘은 들지만 먹는 사람을 생각해 정성들여 음식을 만드시죠. 오랜 시간 소중히 사용해온 레시피도 원하는 사람에겐 다 알려주십니다. 자식들이 도시에서 함께 살자고 해도 그곳에서 자신의 삶을 지키고 있습니다.

그 같은 모습 역시 자랑스럽고 빛나 보입니다. 다른 사람이 좋아해준다는 것 이상의 동기 부여가 있을까요?

내가 누군가에게 무엇인가를 줄 수 있다는 것, 그리고 필요한 존재라는 느낌은 소중한 것이지요. 무엇보다 내가 인정받는 곳, 나를 필요로 하는 곳은 내게 소중한 장소가 됩니다. 그

곳이 직장이든 가정이든 지역이든 간에 바로 자신이 있을 곳이며 안심할 수 있는 장소입니다.

'남을 행복하게 해주고 싶다'는 마음이 시간을 풍요롭게 바꾸어갑니다. 그것이 자기에게 진정한 행복을 가져다준다는 사실을 자각할 수 있다면, 시간의 의미도 시간을 사용하는 방법도 분명 바뀌기 시작할 겁니다.

🕐 **죽을 때 후회하지 않는 시간 습관**

남을 행복하게 하는 일을 통해서
진정한 행복을 자각한다

누구를 위해
시간을 사용할 것인가

———

부모님이 돌아가셨을 때는 누구라도 마음속에 후회가 남습니다. 효도하며 부모님께 잘했던 사람이라 해도 더 잘해드리지 못했다는 점이 마음에 밟힙니다. 오래 아프다 돌아가신 경우라면, 병간호를 열심히 해왔던 사람이라 해도 '더 잘해드릴걸' 하는 속상함이 남습니다.

아마 많은 사람들이 같은 마음일 겁니다. 자식이 아무리 잘한다고 해도 부모님께 받은 것에는 도저히 미치지 못하기 때문입니다. 부모가 자식에게 내어준 것, 그것은 '생명'이며 '시간'입니다. 가장 소중한 것이지요.

상관없는 사람과 무의미한 감정에 쓰는 시간

────

부모가 자식을 위해 써왔던 시간은 방대한 것이겠지요. 사실 아이가 태어난 이후 대부분의 시간은 오롯이 아이를 위한 시간이랄 수 있습니다. 길러준 시간, 함께 놀아준 시간, 아이를 키우기 위해 일했던 시간 등 모두 자식을 위해 내어준 시간입니다.

어른이 되어 부모님께 효도를 한다고는 하지만, 우리가 받은 것에 걸맞은 시간을 돌려드리는 것은 거의 불가능합니다. 그것은 어쩔 도리가 없습니다. 가능한 범위에서 가능한 만큼의 효도를 할 뿐입니다. 나중에는 부모님께 받은 은혜를 자신의 가족과 다른 사람에게 갚아갈 수밖에 없습니다.

'누구를 위해서 시간을 쓰는가'라는 질문을 받고 생각해보면, 우리들이 시간을 상당히 뒤죽박죽으로 쓰고 있음을 알게 됩니다. 소중한 사람을 위해서 소중한 시간을 써야만 하는데, 소중하지 않은 사람, 오히려 아무 상관없는 사람을 위해 시간을 쓰고 있지는 않은가요?

얼마 전, 이런 말을 하는 친구가 있었습니다.

"상사가 엉성하게 일하고 있는 신입사원을 마구 칭찬하는 거야. 나한테는 호되게 말하면서 말이지. 억울해서 잠을 자지 못했어. 벌써 3일 정도를 그러고 있다니까."

물론 그 불쾌한 기분을 이해 못하는 것은 아닙니다. 하지만 직장에서 짜증이 난 일 때문에 집에 돌아와서도 울컥 화가 치밀고, 그것이 3일이나 지속되고 있다면 누구 손해일까요?

결국 그 친구 본인만 손해입니다. 싫은 상사한테 기분을 지배당하며 3일이라는 시간을 낭비한 꼴이 됩니다. 상대는 반성은커녕 신경조차 쓰고 있지 않을 텐데 말이죠.

부정적 감정을 당신의 삶에 초대하지 마라
———

살다 보면 속상하고 기분 나쁜 일을 더러 겪게 됩니다. 믿었던 사람에게 배신을 당하거나 누군가로부터 큰 손해를 입었을 때는 상대도 나와 같은 고통을 당했으면 좋겠다는 생각이 무심코 듭니다. 사람에 따라서는 복수심이 들 수도 있겠죠. 자기만 상처 입은 것을 도저히 받아들일 수 없기 때문입니다.

그러나 잘 생각해봅시다. 상대 때문에 짜증나고 화가 치밀 때, 우리는 그 미운 상대를 위해서 시간을 쓰고 있는 것입니다. 그 일을 곱씹고, 사람을 미워하고, 분노심에 바르르 떨면서 내 감정과 인생을 낭비하고 있습니다. 과연 그래도 괜찮을까요?

미움의 덫에 빠져서는 안 됩니다. 용서할 것인가 용서하지 않을 것인가는 차치하고, 재빨리 잊고서 자신의 시간을 되찾는 쪽이 더 현명합니다. 누군가를 미워하며 화내는 동안 내 마음만 불쾌할 뿐 해결되거나 나아지는 것은 아무것도 없습니다. 다른 사람이 당신의 감정을 지배하게 내버려두지 마세요. 그들을 미워하는 데 당신의 인생을 낭비하지 마세요.

만약 소중한 사람이 있다면, 중요한 할 일이 있다면, 그것을 중심으로 시간을 배분해야 합니다. 때로는 생활 스타일을 획기적으로 바꿀 필요도 있습니다. 하지만 그렇게까지 하지 않고 '누군가를 위해 시간을 쓰고 있는 것인가'를 생각하는 것만으로도 시간을 사용하는 방법은 바뀔 수 있습니다.

시간을 내어준다는 건 생명을 내어준다는 것

또 잊지 말아야 할 게 있습니다. 내가 시간을 내어주고 있는 것과 마찬가지로, 주변 사람이 내게 시간을 내어주고 있다는 사실도 생각해야 합니다. 잠깐 도와달라거나 이야기 좀 들어달라는 요청을 수락하고 시간을 함께 보내주는 상대는 생명의 시간을 제공하고 있는 것입니다.

누군가 내게 시간을 내어준다는 건 자기 인생, 나아가 생명을 내어주는 것과 같습니다. 조금 더 넓게 생각해보면, 우리가 태어나서 성장하고 지금껏 살아오는 데는 천문학적으로 많은 사람의 시간이 관련되어 있습니다.

무수한 시간 위에 내가 존재하고 있다는 사실을 알아야 합니다. 그처럼 보이지 않는 시간을 의식하면서 감사하는 마음을 가진다면 자신의 시간도 소중히 여길 수 있을 것입니다. 지금 당신은 누구를 위해서 시간을 쓰고 있습니까?

🕐 **죽을 때 후회하지 않는 시간 습관**

내게 소중한 사람을 위해 시간을 쓰고 있는지 생각한다

어떤 일에
시간을 사용할 것인가

———

현대사회는 돈으로 시간을 사는 것이 가능합니다. 일상생활과 관련된 일, 혹은 전문성을 필요로 하는 일을 비용을 주고 전문가에게 맡길 수 있습니다. 그 시간에 나는 다른 일을 할 수 있으니 시간을 사는 것과 마찬가지입니다.

편해지려고 뼈 빠지게 일하는 아이러니

———

지방으로 이사했을 때의 일입니다. 해외 출장 다음 날 하는 이사였기 때문에 짐을 상자에 넣는 작업을 전문 업자에게 의뢰

했습니다. 여성 2명이 찾아와서 약 2시간 동안 모든 이삿짐을 꾸렸습니다. 과연 프로페셔널이었습니다. 물론 비용은 3만 엔이 들었지만요.

제가 혼자서 했다면 틀림없이 1주일이 걸려도 끝나지 않았을 겁니다. 1주일의 시간을 쓰느니 차라리 그 시간에 3만 엔을 버는 게 훨씬 이득이라는 생각을 했습니다. 어떤 경우 굳이 내가 직접 하는 것보다는 전문가에게 의뢰하는 게 효율적일 때가 있습니다. 그러나 모든 일을 전부 돈으로만 해결해도 되는 건지에 대해서는 우려하는 마음이 있습니다.

요리, 청소, 세탁, 돈 관리, 인테리어와 패션을 코디네이트하는 일, 몸과 마음을 치유하는 일 등 우리들 주변에는 하나에서 열까지 다양한 서비스 상품이 있습니다. 심지어 친구 대행 서비스까지 있을 정도니까요. 그런 것이 살아가는 데 위안이 되는 사람이 있다는 것도 현실이겠지요.

세탁이든, 이사든, 뭐든 간에 내 시간을 들이기보다는 프로에게 맡기는 편이 만족스러운 결과를 얻을 수 있다. 나는 내 할 일을 철저히 하는 쪽이 좋다는 식의 논리도 이해할 수 있습니다. 저 역시 그 같은 서비스의 도움을 받고 있기 때문입니다.

하지만 이것이 지나쳐서 그런 서비스 없이 살아갈 수 없게 된다면 어떨까요? 오로지 서비스를 받기 위해서 일하게 되는 주객전도가 생길지도 모릅니다. 돈을 들여서 타인에게 맡길 일과 자신이 직접 시간을 들여서 할 일을 구분할 필요가 있을 것 같습니다.

시골 생활을 하다 보면 지역 주민들의 생활이 간소하다는 사실에 깜짝 놀라곤 합니다. 먹는 것, 입는 것, 사는 것 그리고 건강을 지키는 일에는 그다지 돈을 들이지 않습니다. 야채는 손수 키우며 쓰레기도 모닥불로 태워서 처리하거나 퇴비로 만드는 등 상당 부분을 스스로 처리합니다.

곤란한 일이 생기면 내 일 네 일 가리지 않고 서로 도움을 줍니다. 도움을 받으면 또 언젠가 도움을 주면 되기에, 도움을 받은 사람도 굳이 돈을 지불하지 않습니다.

물론 이런 생활이 맞지 않는 사람도 있습니다. 모두 그렇게 살아야 한다고 맹목적으로 권하는 것도 아닙니다. 저도 일반적인 시골생활과는 다르게 살고 있습니다.

다만 한 가지 교훈은 얻을 수 있습니다. 무엇인가에 의지하려고 하면 돈이 들며, 그 돈을 얻을 만큼의 시간을 제공해야만 한다는 사실입니다. 전부 남에게 맡기면 그들에게 돈을 줘야 하고, 그 돈을 마련하느라 일하기에 바쁘겠죠. 그러면 바빠서 또 시간이 없는 상황에 놓이고 맙니다.

모든 일을 직접 할 필요는 없다
———

다양한 서비스가 세분화되며 계속해서 제공되는 동시에, 여러 모로 소비를 부추기는 현대 사회는 편리함도 있지만 맹점도 있습니다. 반복해서 말씀을 드리지만, 타인에게 의뢰할 일과 자신이 직접 할 일은 자기의 가치관으로 구분해야 합니다.

약 50년 전에 제 어머니는 간호사로 근무하기 위해서 아이를 돌봐줄 할머니를 구했습니다. 이후 6년간 가족 모두가 그 할머니께 신세를 졌습니다. 저는 할머니에게서 읽기와 쓰기를 배워 책에 빠지게 되었죠. 할머니는 늘 '너는 굉장한 아이구나!'라는 칭찬을 해주셨습니다. 그때의 경험이 지금의 일로 이어졌다는 생각에 할머니께 감사한 마음을 갖고 있습니다.

일하는 엄마들 중에는 '내가 아이 곁에 있어줘야 하는데'라며 죄책감을 갖고 있는 사람이 많습니다. 하지만 내가 할 수 있는 일은 내가 하되 상황이 여의치 않으면 도움을 받는 게 절대적으로 필요합니다. '도움 받을 부분은 도움을 받는다', '돈으로 해결할 수 있는 부분은 돈으로 해결한다'고 생각하는 것이 좋겠지요. 그 기준은 자신이 정하면 됩니다.

생활 속에서 기본적인 일들은 스스로가 잘 해낼 수 있다면 좋습니다. 전문가의 서비스를 사려면 돈이 들기 때문에 경제적인 부분도 고려해야겠죠.

무엇보다 몸과 마음의 건강은 남에게 맡길 것이 아니라 자기 자신이 시간을 들여 돌보는 것이 좋습니다. 내 몸과 마음에 무엇이 필요한지는 자기 자신이 가장 잘 알 테니까요. 그리고 그것을 잘 알고 있어야 건강에 적신호가 왔을 때 대처할 수 있습니다. 건강을 잃으면 일도 할 수 없습니다. 그러니 스스로 관심을 갖고 신경 써야 합니다.

모든 것을 스스로 할 수는 없습니다. 전문가의 도움을 받는 게 훨씬 좋은 경우도 있으니까요. 단, 모든 것을 돈으로 해결하겠다는 태도는 지양해야겠지요.

🕐 **죽을 때 후회하지 않는 시간 습관**

> 몸과 마음의 건강에는 스스로 시간을 들인다

모든 관계는
시간으로 맺어진다

———

규슈에서 지진이 발생한 날, 대만 유학 시절에 신세를 졌던 교수님에게서 연락이 왔습니다. 제가 재해를 입은 것은 아니었지만 지진 소식을 전해드렸더니 몹시 걱정을 하시더군요. 그러곤 대학에 의연금을 모금하자고 바로 호소를 하셨고, 당신도 급여의 10퍼센트를 기부하셨습니다.

사람은 돈이 아니라 시간을 통해 맺어진다
———

저는 교수님의 행동과 마음에 무척 감동했습니다. 그랬더니 이렇게 말씀하시더군요.

"타이난에서 지진이 발생했을 때 일본에서 많은 지원을 받았으니까 이번에는 대만이 은혜를 갚을 순서예요. 구급불구빈(救急不救貧)이죠."

'구급불구빈'이란 가난한 사람을 도울 정도의 여유는 없어도 긴급한 상황에서는 도울 수 있다는 의미라고 합니다. 이같이 서로 돕는 정신은 대만에 깊게 뿌리를 내리고 있습니다. 동일본 대지진 때는 개인이 보낸 의연금뿐만 아니라 다양한 곳에서 자선행사가 열렸습니다.

돈이 없는 학생들은 근처 가게에서 팔리고 남은 상품을 기부받아 바자회를 열었어요. 그 바자회 수익금을 또 기부하는 것이죠. 혹은 이재민에게 위로의 편지를 쓰거나 동영상으로 응원 영상을 만드는 등 각자가 지혜를 모아서 할 수 있는 일을 했습니다.

대만에서는 재해를 겪거나 긴급할 때뿐만 아니라 일상 속에서도 자원봉사 활동이 활발합니다. 학생에서 노인에 이르기까지 남녀노소 구분 없이 모두가 참여하지요. 미술관, 우체국, 관공서, 학교, 병원 등 공적인 장소에는 대부분 자원봉사자가 있습니다. 누군가 두리번거리고 있으면 "뭐 도와드릴 일이 있나요?", "접수 방법을 알려드릴까요?" 혹은 "짐을 들어드릴까요?"

이렇게 말을 걸어옵니다.

딱히 시간적, 경제적으로 여유 있는 사람이 자원봉사를 하는 것이 아닙니다. 농가나 시장에서 일하는 여성부터 연금생활자에 이르기까지 다양한 이들이 참여하고 있습니다. 그저 '남을 위해 일하는 것이 기쁘기 때문'입니다. 낯선 사람에게 뭔가를 해주려고 하는 사람들의 웃고 있는 얼굴은 매우 행복해 보입니다. 아내를 잃고 외롭게 집에 틀어박혀 있던 어떤 남성을 만난 적이 있는데, 그는 자원봉사를 하면서 살아갈 힘을 되찾았다고 합니다.

이처럼 남을 위해 돈을 쓰지 않더라도 자원봉사처럼 '시간'을 통해서 사람과 이어질 수 있습니다. 일본에서도 이 같은 자원봉사 활동은 조용히 이루어지고 있습니다. 동일본대지진이 발생했을 때 했던 자원봉사를 지금까지 계속하고 있는 사람도 있습니다. 일하는 엄마를 대신해서 아이를 돌봐주는 사람, 요양시설에 연주하러 가는 사람도 있습니다.

저희 어머니를 돌봐주러 오시는 홈 헬퍼 여성은 일이 끝난 후에도 몇 시간을 더 집에 머물면서 어머니의 이야기를 들어주십니다. 혹은 손으로 직접 뜬 모자를 선물해주시기도 합니다. 그 마음이 정말로 감사합니다.

주는 사람이 더 행복해지는 마음의 방정식
——

고등학교 후배인 K는 월급쟁이 생활을 하면서 주말에는 지역에서 생산되는 식자재로 점심을 만드는 예약제 레스토랑을 운영하고 있습니다. 취미로 단련한 요리 솜씨는 프로도 놀랄 정도입니다.

하지만 제가 대단하다고 느끼는 것은 따로 있습니다. 그 레스토랑에서 버는 돈을 전부 국내외의 지진재해 등을 입은 곳에 의연금으로 보내고 있다는 사실입니다.

사실 K가 운영하는 레스토랑은, 요리하는 본인도 고객과 함께 와자지껄 즐기면서 음식을 먹고 그 값을 지불합니다. 게다가 고객에게 와인 등의 재료값은 받지 않기 때문에 레스토랑은 열수록 적자입니다. 요리 재료 구매며 요리 연구에 몇 시간, 며칠을 쓰면서 쉴 시간 없이 바쁩니다. 그런데도 좋아서 하는 일이라며 환하게 웃습니다.

동일본대지진이 났을 때 그는 자기도 힘을 보태고 싶었지만 일이 있어서 현지에는 갈 수 없었다고 합니다. 그때 '업무 시간의 반 정도만 할애한다면 이재민을 위해 일할 수 있어. 오전은 내 생활을 위해, 오후는 이재민을 위해 일하자'고 생각한 것이 이 활동으로 이어졌다고 합니다.

요리를 제공함으로써 그는 뜻을 같이 하는 사람들과 연결되었고, 레스토랑에서 모은 돈을 통해 이재민들과도 연결됩니다. 그는 정말로 시간을 의미 있게, 그리고 풍요롭게 쓰고 있습니다.

인간은 혼자서는 살 수 없습니다. 원하든 원하지 않든 우리는 알게 모르게 모두 연결되어 영향을 주고받으며 살아갑니다. 그런 이들에게 조금이나마 도움을 주는 일을 할 수 있다면, 그 시간은 매우 소중한 시간이 될 겁니다.

홀로 고독하게 지내는 어르신과 경제적인 어려움을 겪는 싱글 맘, 또는 병을 앓고 있거나 움직임이 불편해서 도움을 필요로 하는 사람들은 주변에 꽤 많습니다. 어려움을 겪는 직장 후배와 고민을 안고 있는 친구, 혼자서 생활하는 친척 등 주변인에게 뭔가 해줄 수 있는 일이 있을지도 모릅니다.

전철 안에서 자리를 양보하거나, 주변 사람에게 미소를 보이는 등의 작은 친절도 소중합니다. 양보를 받은 사람도 양보한 사람도 모두 행복해지죠. 우리가 만나는 사람들에게 보이는 작은 호의는 또 다른 사람에게 호의로 돌아갑니다. 그만큼 세상을 아름답게 만들지요.

사람이 가진 친절함은 세상의 희망이기도 합니다. 친절함이 있는 한, 사람은 반드시 타인에게 도움을 줄 수 있습니다. 도움은 돌고 돌아 또 나에게로 옵니다. 선한 영향력이 선순환이 일어나는 것이죠.

🕐 **죽을 때 후회하지 않는 시간 습관**

관계는 '돈'이 아니라,
'시간'을 통해 맺어진다는 사실을 생각한다

지속가능한 삶을 위해 시간을 쌓는다

'열정적인 인생'을 즐기는 규칙

자신의 행동을
신뢰하고 있습니까

장기적인 관점으로
시간을 쌓아간다

——

지금 우리들이 손에 쥐고 있는 것은 우리들이 무엇에 시간을 들여왔는가에 따라 결정됩니다. 경제적으로 여유 있게 살고 싶다 생각하며 노력해온 사람은 대부분 경제적으로 여유로운 상황을 얻었겠지요.

모험적인 생활을 원했던 사람, 자신의 재능을 발휘하고 싶은 사람, 사회적인 지위를 손에 넣고 싶은 사람, 가족과 평온하게 살고 싶은 사람… 모두 각자의 희망에 맞게 시간을 사용해왔을 겁니다.

즉 '손에 쥐고 있는 것 = 자기가 사용해온 시간'이라는 등식이 성립합니다. 만일 '자기의 생각'과 '손에 쥐고 있는 것'이 다르다면, 지금 하고 있는 것을 그만두고 다른 것에 시간을 쓸 필요가 있을지도 모릅니다. 그렇지 않으면 나중에 '내가 진정 이런 것을 원했었던가?'라며 후회할 수 있기 때문입니다.

삶은 원하는 대로가 아니라 행동하는 대로 변해간다
———

저는 인생을 살아오면서 시기마다 손에 넣고 싶은 자유가 있었습니다. 사회에 막 진출했던 20대 무렵에는 '경제적인 자유'를 원했습니다. 사고 싶은 물건이 있을 때 바로 살 수 있는 사람이 되고 싶었던 겁니다. 회사원이 되어 열심히 일하다 보니 경제적으로는 불편함 없는 생활을 할 수 있게 되었습니다.

하지만 30대에 회사를 그만두고서는 약간의 충격을 받았습니다. 그 회사를 나오니 다른 곳에서는 제가 그다지 쓸모가 없다는 사실을 알게 되었기 때문입니다. 그래서 그다음으로 손에 넣고 싶었던 것은 '장소의 자유'였습니다. 어디에서도 일할 수 있는 사람이 되고 싶었지요. 기모노 입기 강사 자격증을 취득했고, 촬영, 편집, 집필 등의 스킬을 익혀서 다양한 장소에서 일했습니다. 하지만 일하느라 너무 바빠서 하고 싶은 것을 이룰 시간이 없었습니다.

그래서 그다음으로 원했던 것은 '시간의 자유'입니다. 과감하게 도쿄로 옮겨왔습니다. 프리랜서 작가로 활동하며 내 속도대로 자유롭게 일하는 동안, 쓰는 일의 즐거움을 알게 됐습니다. 좀 더 좋은 글을 쓰고 싶다는 생각과 남을 위해서 뭔가를 하고 싶다는 욕구가 생겼지요.

40대가 되어서 절실히 원하게 된 것은 '계속해가는 자유'였습니다. 그러기 위해서는 계속 배워야 했습니다. 배우고 싶은 것을 위해 유학을 하고 여행을 다니며 다양한 사람을 만났습니다. 배움과 경험에 아낌없이 시간을 투자했습니다. 아직도 그 길을 가는 여정에 있으며, 어쩌면 이 길은 인생의 마지막까지 계속 이어지겠지요.

하루하루의 삶은 사라지지 않고 지층처럼 쌓인다

저는 원했던 것을 얻었음을 분명히 느낍니다. 시간이라는 것은 오려서 다시 붙일 수도 없고, 없었던 걸로 할 수도 없습니다. 그저 담담히 쌓여가는 것입니다. 지층처럼 말이죠. 우리에게는 지금 이 순간이 소중합니다. 하지만 미래의 일을 응시하며 준비하는 시간도 필요합니다. 우리들은 앞으로도 계속 살아갈 것이기 때문입니다.

시간이 한참 흐른 후에 아무것도 이룬 것이 없다고 말하는 사람이 되지 않기를 바랍니다. 그러려면 매순간, 원하는 일을 하면서 시간의 층을 쌓아가야 합니다.

예를 들어보죠. 저는 '60세에 매월 10만 엔을 버는 사람이 될 거야'라는 말을 여기저기에 자주 하고 다닙니다. 60세에 월 10만 엔을 버는 게 어려운 일이라고 생각할 수도 있습니다. 하지만 무슨 일이든 5년 동안 그것을 거듭해서 반복하면 프로페셔널이 된다는 걸 경험으로 깨달았습니다. 10년 이상 계속해 나간다면 이미 베테랑이 될 테죠.

지금 하고 있는 취미를 일로 전환해 더 연마하는 길도 있고, 지금까지 쌓아온 지식과 스킬을 활용하는 길도 있습니다. 그 능력을 조금씩이라도 '돈을 버는 능력'으로 바꾸면 됩니다. 1일 5,000엔씩 20일을 일해서 월 10만 엔을 번다는 계획은 당장은 어려워도 시간을 들이면 누구라도 가능합니다.

지금은 60세 이후에도 계속 일하고 있는 자신의 모습을 상상하기 어려울 수도 있지만, 현실은 그렇게 바뀌고 있습니다. 우리 대부분은 60세가 넘어서도 일을 해야 합니다. 인생의 후반전, 노년의 시기에 접어들어서도 쓰임이 있는 사람이라고 느끼면서 보낼 수 있다면 행복할 겁니다. 그 시간을 타인을 위해 일하는 데 쓸 수 있다면 더욱 보람이 있을 거고요.

당신이 원하는 것을 손에 쥔 사람이 되고 싶은가요? 그것은 시간이라는 재산을 어떻게 사용하는가에 달려 있습니다. 한 번뿐인 인생을 '자신'에게 걸어보지 않겠습니까?

🕐 **죽을 때 후회하지 않는 시간 습관**

지금에 집중하면서 장기적인 비전을 세운다

열정과 장점에 포커싱해
시간을 쌓아간다

―

남미를 여행하며 체감한 것은 사람마다 처음부터 주어진 것이 다르다는 현실이었습니다. 예를 들어 아르헨티나의 경우 백인 이민자의 아이들과 현지 빈곤 지역에서 이주해온 아이들은 다니는 학교도, 가정 형편도, 교육 과정도 다릅니다. 사는 환경도 그들이 만나는 사람도 다릅니다.

상대적으로 혜택을 받지 못한 환경의 아이가 사회적인 지위와 경제적인 풍족함을 손에 넣기 위해서는 보통 이상으로 노력하고 시간을 들여야 합니다. 이미 서 있는 출발선이 다르기 때문이죠.

우리 앞에 놓인 출발선은 각기 다르다

우루과이에서 만난 50세의 싱글 맘은 경제적인 사정 때문에 15살 때부터 일하러 다니느라 중학교도 졸업하지 못했습니다. 그녀가 할 수 있는 일은 공장의 직원이 되거나 가정부가 되는 것뿐이었습니다. 최근 몇 년 사이에 겨우 시간적인 여유가 생겨서 야간 중학교를 졸업하고, 네일 아티스트를 양성하는 공공 전문학교에 다닌다고 하더군요.

"겨우 힘든 상황에서 빠져나왔어요. 만약 인생을 다시 시작할 수 있다면, 어떤 일이 있어도 어릴 때에 열심히 공부할 거예요. 그리고 남에게 도움이 되는 일을 하고 싶어요. 변호사나 심리 상담사 같은 것도 좋겠네요. 이제 그런 일을 하는 건 무리지만 지금부터 준비하면 할 수 있는 일이 분명 있을 거라고 생각해요."

이렇게 말하며 웃고 있는 그녀의 얼굴에 자긍심이 넘치는 게 보였습니다. 가까스로 자신의 인생을 살아갈 수 있게 된 사람의 활기 같은 것이었지요.

현실적 상황이 이렇다 보니 남미에서 빈곤층이 성공할 수 있는 최고의 길은 스포츠 선수가 되는 것입니다. 특히 세계무대에서 활약하는 축구 선수들의 성공담은 남자아이들의 희망이기도 합니다.

어릴 때 비슷한 교육을 받고 비슷한 환경에서 살아온 사람들이라면 이 같은 현실을 상상하는 것이 어려울 수도 있습니다. 그러나 잘 생각해보면 우리들 역시 똑같은 출발선에서 시작하지는 않았습니다. 각자 주어진 재능이나 환경이 분명 달랐습니다.

예를 들어 용모와 능력, 가정환경이 각각 다르겠지요. 어릴 때부터 그림을 잘 그려서 칭찬을 받아온 사람은 만화가나 화가가 되겠다는 꿈을 꿀 수 있습니다. 노래를 잘 부른다면 성악가, 가수, 뮤지컬 배우 등의 꿈을 꿀 수 있겠지요. 유독 공부를 잘했다면 그 재능을 살려 미래를 설계하겠지요. 부모가 가게를 운영하고 있다면 그것을 이어받는 길도 있습니다. 자기가 가진 재능이나, 주어진 장점을 살려서 살아가는 것은 누구라도 마찬가지입니다.

그래서 현실적으로 중요한 일은 자신이 '갖고 있지 않은 것'보다는 '갖고 있는 것', 단점보다는 장점에 초점을 두는 것입니다. 단점을 보완하고 남들과 같은 수준으로 끌어올리기 위해 노력하기보다는 장점을 더욱 가다듬어 부각시키는 게 좋습니다. 잘하는 것에 투자하면 더욱 잘할 테고 성공할 확률도 훨씬 높겠지요.

하고 싶은 것과 할 수 있는 것

남미 사람들을 보면서 그들이 특히 소중히 여기는 것이 있음을 알았습니다. 그것은 '열정'입니다. 무슨 일이든 일단 마음이 동해서 진심으로 하고 싶어져야 잘 풀린다는 것을 알고 있는 것입니다.

하고 싶은 일을 할 때는 힘든 줄도 모르고, 미친 듯이 몰입합니다. 반면 누군가의 강요로 억지로 하는 일은 힘들고 고통스럽습니다. 누구라도 좋아하지 않는 일에 열정이 생길 리 없겠지요. 잘하기는 더욱 어렵습니다.

아르헨티나인인 제 친구는 "이 나라의 아이들은 모두 자기가 무엇을 하고 싶은지 잘 알고 있어"라고 말합니다. 그래서 자기 아이들에게도 요리와 노래, 춤 등 하고 싶은 것을 할 수 있도록 시간을 충분히 줍니다. 그 과정에서 자신의 재능을 발견하고 좋아하는 일을 찾아냅니다. 남들이 다 하니까 싫어도 하라고 시키거나, 무조건 공부가 중요하다고 강요하는 일은 없습니다.

하고 싶은 일을 할 때는 힘이 솟아납니다. '장점'은 '할 수 있는 일'이며 '열정'은 '하고 싶은 일'입니다. 우리의 인생길에는 이 두 가지가 조화를 이루어야 합니다. 무엇보다도 그 길은 분명 즐거운 여행이 될 것입니다.

우리에게는 할 수 있는 것이 반드시 있습니다. 그리고 하고 싶은 일도 반드시 있습니다. 그것이 무엇인지 스스로 찾아내 주세요.

🕐 **죽을 때 후회하지 않는 시간 습관**

하고 싶은 것과 할 수 있는 것에 시간을 투자한다

앞날을 명확히 내다보고
시간을 쌓아간다

―

단기간에 성과를 내려고 조급해하는 사람들이 있습니다. 약한 불에서 족히 3시간은 졸여야 만들어지는 과일 잼이 있다고 칩시다. 30분 만에 만들고 싶은 마음에 센 불에서 급히 졸인다면 어떨까요? 잼이 제대로 만들어질 리 없습니다.

인생에서도 시간이 부족하다는 생각으로 조급해질 때가 있습니다. 여성이라면 대부분은 출산이 가능한 한계시점에 대해 생각하게 됩니다. 임신이 가능한 한계시점 직전에라도 출산을 할 수 있었던 사람은 행운이지만 여러 사정으로 그 시기를 놓친 사람도 있습니다. 부랴부랴 결혼할 상대부터 찾으려 시도해보아도 이미 때가 늦은 경우도 있습니다.

제대로 된 결과를 보려면 시간이 필요하다

일에도 '35세 이직 한계설'이라는 것이 있습니다. 35세가 넘으면 회사를 옮기기 어려워진다는 이야기입니다. 딱 맞는 이야기는 아니지만 어쨌든 30대, 40대에는 20대보다 이직에 좀 더 신중해지는 것은 맞습니다. 젊은 혈기로 겁 없이 도전하던 때처럼 승부하기 어렵다는 건 인정해야 합니다. 이때는 조급하게 굴며 어떻게든 좋은 회사에 들어가겠다고 이직 활동을 해도 대부분 잘 풀리지 않습니다.

그럴 때는 '시간이 걸린다'는 사실을 인정해야만 합니다. 운 좋게 결혼 상대나 직업을 빠른 시간 안에 만나는 사람도 있습니다. 하지만 대부분의 경우 몇 번의 실연을 경험하고 나서 인생의 짝을 만나게 됩니다. 일이나 직장 역시 오랜 경험을 통해 연륜과 업무 스킬이 쌓이면 그것을 기반으로 더 좋은 직장으로 이직하는 것에 성공합니다.

어느 날 좋은 결혼 상대와 직장이 하늘에서 뚝 떨어지는 것은 아닙니다. 목적을 달성하려면 그 나름의 시간이 필요하기 때문입니다. 우리가 원하는 것을 손에 넣으려면 그만큼의 노력과 시간이 필요하지요. 저절로 이루어지길 바라서는 안 됩니다.

또 '단기간에 해치워버리자'고 하는 사람은 대체로 앞날을 만만하게 본다는 문제가 있습니다. 사흘 걸리는 일을 이틀에 마치려는 사람은 매사가 순조롭게 진척되는 것만 생각합니다. 일을 하다 보면 제대로 풀리지 않는 경우도 있다는 것을 받아들이려 하지 않습니다.

대책 없는 낙관의 배신

무엇이든 일을 시작하고 진행할 때 낙관적으로 생각하는 것은 좋습니다. 하지만 무조건 다 잘될 거라는 맹목적인 낙관은 경계해야 합니다. 문제 상황에 대해서도 반드시 생각해둘 필요가 있습니다.

인생도 마찬가지입니다. 인생을 낙관적인 태도로 사는 것은 좋지만, 중간에 문제가 생길 수도 있고 위기가 닥칠 수도 있다는 점은 염두에 두고 있어야 합니다. 문제가 있는데도 표면적인 현상만을 보고 무조건 괜찮다고 생각하는 회피성 태도는 위험합니다.

한 기관에서 여성의 라이프 주기별로, 머릿속으로 생각했던 것과 현실의 다른 점에 대해 조사를 한 적이 있습니다. 여성의 라이프 주기는 전업주부, 일하는 싱글, 일과 육아를 병행하는 사람 등 케이스별로 다양하겠지요.

조사를 했더니 생각했던 것과 현실의 차이가 컸습니다. 예상치 못한 일로 큰 위기를 겪었다는 응답도 많았습니다. 전업주부인 사람은 남편이 실직해서 경제적으로 힘들게 될 것이라고는 생각지도 못했다고 했습니다. 육아 때문에 일을 그만둔 사람은 재취업이 이렇게 어려울 줄 몰랐다고 했습니다. 일을 계속하고 있는 싱글은 힘든 일 때문에 몸과 마음이 고장 날 거라고는 생각지도 못했다고 했습니다. 싱글 맘은 자신이 설마 이혼할 줄은 몰랐다고 했습니다.

이런 식입니다. 삶에서는 자신이 생각지도 못한 일이, 설마 했던 일이 생각보다 많이 일어납니다. 긍정과 낙관의 태도는 좋지만, 무조건 잘될 거라는 생각에 함몰돼 무방비 상태로 있어서는 안 됩니다.

꿈꾸는 리얼리스트가 되려면

누군가는 일어나지도 않은 일을 걱정하는 것은 쓸데없다고 말할지도 모릅니다. 그때는 그때 가서 어떻게든 될 것이라고 말하는 사람도 있습니다.

하지만 제가 하려는 말은 '그런 위기에 처했을 때 어떻게 대응할지를 미리 생각'해두라는 게 아닙니다. 최상의 방법은 '위기에 빠지지 않기 위해 어떻게 할 것인가를 생각해서 행동하는 것'입니다. 문제가 생겼을 때를 대비할 게 아니라 문제가 생기지 않도록 예방하는 데 신경을 써야 하는 거죠.

병에 걸린 후 치료에 시간을 쓰기보다 병에 걸리지 않기 위해 시간을 써야 합니다. 재취업이 어렵다면 지금 있는 곳에서 업무 역량을 더 키우거나 따로 시간을 내서 필요한 것을 배우는 방법도 있습니다. 이혼을 하고 싶지 않다면 대화를 나누며 자주 소통하는 시간을 만드는 노력이 필요합니다.

현재를 긍정하되 미래를 생각해서 '지금, 무엇에 시간을 써야 하는가'를 분명히 해두어야 합니다. 아무런 노력도 준비도 없이 어떻게든 될 것이라는 대책 없는 낙관과 긍정은 언제든 우리를 배신할 수 있습니다.

🕐 **죽을 때 후회하지 않는 시간 습관**

> 가치가 있는 것을 손에 넣으려면
> '시간이 걸린다'는 사실을 인정한다

자신을 믿는 시간을
쌓아간다

———

자신이 하고 싶은 것을 위해 늘 꾸준히 노력하며, 그것을 하나
씩 이루어가는 아저씨가 계셨습니다. 역경을 만나도, 어려움
을 겪어도, 비가 오는 날이나 바람 부는 날에도, 늘 꾸준하셨
습니다. 그 모습이 너무도 감동적이고 존경스러워서 여쭤본
적이 있습니다.

"왜 그렇게 꾸준하게 노력을 하세요?"

아저씨는 쑥스러워하면서도 심플하게 대답해주셨습니다.

"해님을 생각한다면 꾸준히 착실하게 해야 한다는 생각이
들거든. 아무리 고되고 힘겨워도 어떻게든 해냈다고 생각하면
굉장히 기쁘잖아. 중학생 시절 3년간 신문배달을 했는데 그때

도 끝까지 그런 생각이 들었었지."

'역시, 그런 하루하루가 축적되어 이 사람을 만들었구나'라는 생각에 무릎을 쳤습니다.

가장 철저한 감시자도 가장 든든한 지원군도 자기 자신

사람들의 악행을 해님이 보고 있다는 표현이 있습니다. 아무도 보고 있지 않은 것 같아도 해님은 보고 있으니까 나쁜 일을 해서는 안 된다는 의미지요.

그러나 사실 해님은 태양도, 신도 아닙니다. 바로 '자신의 마음'입니다. 어떤 일을 해왔는지, 어떤 시간을 쌓아왔는지 아무도 보고 있지 않아도 그걸 알고 있는 사람이 한 명 있습니다. 바로 자기 자신입니다. 그러니 자신에게는 속임수가 통하지 않습니다.

꾸준함은 하나하나 일을 완수해가면서 성공 체험을 안겨줍니다. 작은 성취가 모여 '나도 노력하면 할 수 있구나' 하는 자긍심이 들게 합니다. 이런 경험들은 어느새 자신에 대한 신뢰로 저금이 되어 차곡차곡 쌓이죠. 스스로를 해낼 수 있는 사람이라고 믿는 사람이라면 최고의 성과를 발휘할 수 있습니다.

자신만큼 든든한 지원군은 없으니까요.

반대로 일을 대충하거나 책임을 회피하며 늘 도망치는 사람은 실패의 체험을 쌓고 있는 것입니다. 아무리 '나는 할 수 있다'고 믿으려 해도, 마음 깊은 곳에서 '아니, 너는 제대로 하지 못할 거야'라는 불신의 소리가 들려옵니다. 성취의 경험도 없고 스스로 일을 완수해내는 데서 오는 자긍심도 느껴보지 못했으니 당연한 일입니다.

자신에게 작은 성공의 경험을 선물하자
——

또 하나, 최근에 제가 절실하게 느끼고 있는 것은 자신에 대한 확신은 다른 종류의 일에서도 유용하다는 점입니다. 25세까지 아무런 목표 없이 프리터족(특정한 직업 없이 아르바이트로 생활하는 사람들)으로 살던 남성이 있었습니다. 그는 무슨 마음에선지 도쿄에서 오키나와까지 자전거로 가보자는 생각을 하고서 바로 실행했다고 합니다.

그가 탄 자전거는 여성들이 장을 보거나 아이들을 태울 때 사용하는 마마차리였고, 당시 돈도 거의 없었다고 합니다. 맨 처음에는 쉽게 생각했었지만, 도중에 타이어에 구멍이 나거나 추위에 노숙을 하는 등 상상하지 못했던 고통스러운 여정이 그를 기다리고 있었습니다.

주변의 가족과 친구들에게도 자전거 여행을 하겠노라 선언을 했습니다. 그러나 그는 출발 전 속으로 '여행하다 힘들면 다쳤다거나 자전거가 고장 났다고 말하고 여행을 그만두자'라며 슬며시 변명거리를 품었다고 하네요. 자전거로 여행하는 내내 그 변명을 떠올렸다고 합니다.

그러나 그때마다 '아니야, 좀 더 가보자'라고 다시 마음을 가다듬었고 결국 오키나와에 도착했습니다. 그러자 이번에는 갑자기 프리스타일 스키 경기에 도전해보자는 생각이 들었다고 합니다. 스키를 타본 적은 없었지만 예전부터 스키를 타보고 싶었기에 그런 생각을 해낸 것입니다.

그는 홋카이도로 간 후 아르바이트를 하면서 실력을 키웠고, 어느새 큰 무대에서 활약하게 되었습니다. 그의 선수생활은 수년간 계속되었으며 최선을 다해 몰입했기에 후회는 없다고 말합니다.

그는 거기서 멈추지 않았습니다. 그다음으로 도전한 것은 '초등학교 교사'였습니다. 교원 자격증을 따기 위해 다시 대학에 다녔으며, 마침내 목표를 이루었습니다.

그는 하고 싶은 일이 생기면 도전했고 최선을 다해 완수해냈습니다. 열심을 다하는 것이 몸에 배어 있기에 목표가 바뀌어도 역시나 그 일을 해낼 수 있었던 겁니다. 일을 대하는 태도와 본질은 같기 때문에 분야와 장르가 달라져도 유효합니다.

자신에 대한 신뢰는 힘이 세다

자신을 가장 믿지 못하는 것은 '하고 싶은 것을 하지 않는 자신'입니다. 변명하거나 뒤로 미루거나 한다면 그런 자신에 대한 신뢰는 쌓일 수 없습니다. '어차피 무리야'라면서 하고 싶은 것을 영원히 이루지 못하게 됩니다.

하고 싶은 것을 할 때 자신을 설득시키는 최고의 힘은 지금까지 자신이 해온 행동이며 지금의 자신입니다. 이것은 그 어떤 논리보다 우선합니다.

열심히 살아온 시간을 쌓아서 손에 쥐는 것만큼 소중한 것은 없습니다. 일, 생활, 인간관계, 우정, 부부의 사랑, 부모자식의 유대… 이 모든 것들도 쌓여온 시간을 통해 신뢰를 형성합니다. 매순간 최선을 다해왔기에 결국 잘해내리라는 '자신에 대한 신뢰' 말입니다.

지금 이 순간에도 보이지 않는 시간이 쌓이고 있습니다. 우선은 오늘 하고 싶었던 것을 시작해봅시다. 대단하지 않아도 좋습니다. 작은 것부터 시작하면 됩니다.

죽을 때 후회하지 않는 시간 습관

작은 것부터 시작하면 더한 것도 해낼 수 있다는 확신을 갖는다

일상의 호사스러움을
놓치지 않는다

'호사스러운 시간'을 만드는 규칙

앞으로의 시간을
어떻게 보내겠습니까

매일 반복되는 시간을
소중히 한다

'호사스러운 시간'이라고 하면 어떤 걸 상상하시나요? 고급 호텔에 묵으면서 온천을 즐기는 시간일까요? 느긋하게 영화를 보고 있는 시간일까요? 좋아하는 사람과 함께하는 시간, 자연 속을 산책하는 시간, 아무것도 하지 않고 멍하니 있는 시간···. 각각 호사스럽다고 느끼는 저마다의 시간이 있겠지요.

마음이 충만해지는 호사스러운 시간

'호사스럽다'라고 하면 돈을 흥청망청 쓰고 고가의 물건을 정신없이 소비하는 이미지가 떠오릅니다. 하지만 '호사스러운 시간'이란 '풍요로운 시간을 보낸다'는 의미입니다.

특히 늘 바빠서 시간이 없다고 말하는 사람, 매일 매일 일상에 쫓기며 사는 사람에게는 '호사스러운 시간'은 '호사스러운 마음'이기도 합니다. 단순히 시간만 있는 것이 아니라 마음이 충족되고 있는 시간을 '호사스러운 시간'이라고 하겠지요.

한편 우리는 특별한 것이 있어야 호사스럽고 특별한 것이 없으면 호사스러운 것이 아니라고 생각하는 경향이 있습니다. 물론 특별한 행복이 없는 것보다는 있는 쪽이, 마음이 충족됩니다. 특별한 여행과 특별한 식사, 특별한 사람과 보내는 시간은 우리들을 매우 즐겁게 하는 호사스러운 시간입니다.

하지만 특별한 것이 있어야 마음이 채워진다면 그때에만 호사스러운 시간을 가질 수 있겠지요. 특별한 것이 없어도, 돈을 들이지 않아도, 마음이 충족된다면 매일을 호사스럽게 보낼 수 있습니다.

예전에 친척이 다 함께 모여 점심을 먹을 때였습니다. 한 친척 아이가 "오늘은 날씨가 좋으니까 소풍을 온 기분으로 먹어요"라며 베란다에 돗자리를 깔더군요. 그러고는 흔히 먹는 야키소바를 죽 늘어놓으며 소풍을 온 듯한 분위기를 만든 적이 있었습니다. 그 아이는 평범한 것에 약간의 손길을 가해서 바꾸는 일을 아주 좋아했습니다.

"오늘 하루는 미국인이 된 기분으로 지내볼래요."

이렇게 말하며 새 운동화를 신은 채 집 안을 돌아다니곤 했지요. 하교길에는 들판에 예쁜 꽃이 피었다며 꽃 몇 송이를 꺾어와 예쁘게 포장해서 선물해주기도 했습니다. 일상 곳곳에서 소중하고 행복한 경험을 창조해낼 수 있는 감수성을 가진 사람의 인생은 풍요로워지겠지요.

행복과 풍요로움은 사소한 것들로 완성된다
—

지금 현재의 시간에 관심을 갖고 정성스럽게 행동하려는 것만으로도 시간은 풍요로워집니다. 그저 차를 끓여 마시는 것이 아니라, 최적의 양과 최적의 온도를 확인하고 최적의 시간에 차의 농도를 조절합니다. 그리고 마음에 드는 찻잔에 느긋하게 차를 따릅니다.

업무 시간 틈틈이 '아, 맛있다'라며 잠깐의 호사스러움을 맛볼 수 있다면, 그것만으로도 기분이 한결 좋아질 겁니다. 또다시 힘을 내서 남은 일을 마주할 수 있겠지요.

어떤 것이든지 정성스럽게 하고자 하면 마음이 따뜻해집니다. 반면 아무렇게나 하면 마음이 황량해지고 차가워집니다. 하루 세 끼의 식사 시간, 몸을 단장하는 시간, 목욕하는 시간, 자는 시간 등 매일 반복되는 일들을 정성스럽게 맞아보도록 합시다. 특별한 것을 하지 않아도 마음이 풍족해질 겁니다.

그게 어떤 건 줄 알겠지만 도무지 그럴 만한 여유가 없다는 마음도 이해합니다. 하루하루 시간에 쫓겨 살다 보면 눈앞에는 온통 해야 할 일과 근심거리로 가득 차게 됩니다. 당연히 지금 이 순간을 즐길 여유가 사라지게 되죠.

하지만 서두른다고 해도 우리 인생은 그다지 달라지지 않습니다. 오히려 급한 마음에 경솔하게 결정하거나 허둥대다가 실수하는 일이 더 많지 않습니까? 급할수록 돌아가라는 말처럼 바쁘다고 느낄 때일수록 여유를 찾아야 합니다.

아무리 멀티플레이어라고 해도 동시에 여러 가지 일을 다 잘해내기는 어렵습니다. 영어회화 테이프를 들으면서 요리를 하고, 동시에 옷을 다린다고 해봅시다. 그것을 각각 할 때보다 집중력도 떨어지고 성과도 별로입니다. 옷을 태우거나 영어회화가 귀에 잘 들어오지 않거나 요리가 더뎌지겠지요. 한꺼번에 여러 가지 일을 허겁지겁 하려고 서둘러봤자 생산성도 완결성도 그다지 높지 않습니다.

그렇다면 근심거리는 잊고 지금 하고 있는 것을 중요시하는 것이 좋겠지요. 진정한 호사스러움은 하루하루를 기분 좋게 공들여 보내는 데서 느낄 수 있습니다. 매일 하는 식사도, 매일 나누는 가족과의 대화도, 매일 하는 가사와 육아도, 그 시간만큼은 특별합니다. 그 시간에는 반드시 끝이 있으며, 그 순간은 영원히 다시 돌아오지 않을 테니까요.

지금 이 순간, 여기서 무언가를 할 수 있다는 사실에 감사의 마음을 가져봅시다. 아주 작은 일일지라도 그 순간을 즐기며 행복을 찾으려 한다면 분명 호사스러운 시간이 될 겁니다.

🕐 **죽을 때 후회하지 않는 시간 습관**

일상적으로 하는 일에 정성을 다한다

감동하는 시간을
소중히 한다

인생에서의 진정한 호사스러움이란 감동하는 시간이 많이 찾아오는 것 아닐까 싶습니다. 새로운 사람들과 만나거나 여행을 하거나 아이를 키우는 등 환경에 변화가 있는 사람은 매일매일 감동할 일이 생기겠지요. 하지만 하루하루 같은 일을 반복하고 있는 성인이면 신선함과 함께 감동을 맛볼 일도 적어질 겁니다. 일상에 치이다 보니 피곤하고 고단합니다. 새로운 발견이나 마음을 흔드는 감동의 순간을 만나기 어렵고, 그만큼 시간의 질도 저하됩니다.

감동이라는 것은 하나의 에너지입니다. 마음이 움직이지 않으면 힘도 솟아나지 않고 머리도 경직됩니다. 성장도 멈추고 말겠지요. 그러나 저는 오히려 성인이 된 이후로 지금까지 경험하지 못했던 감동이 더 늘어난다는 것을 실감하고 있습니다. 최근에는 시골에서 살다 보니 사소한 것에 감동하는 일이 많습니다.

새로운 일을 시작했다는 이유도 있지만, 좀 더 큰 이유는 보이지 않았던 것을 볼 수 있게 되었기 때문입니다. 지식과 경험이 늘어났기에 안 보이던 게 보이고, 못 느끼던 걸 느끼게 되었지요. 그러면서 새삼 감동하게 되는 것입니다.

예를 들어 대나무 울타리를 만들기 위해 대나무를 잘라보면 무럭무럭 성장하는 대나무의 에너지가 굉장하다는 사실을 알게 됩니다. 대나무 줄기가 하늘을 향해 자라고 뿌리가 계속 아래로 자라는 것을 보며, 우리가 먹고 있는 죽순이 얼마나 많은 성장 에너지를 우리 몸에 주고 있는지를 이해하게 되죠. 그러면 따끈하게 데쳐진 죽순을 보면서 무심결에 먹을 때와는 다른 마음으로 죽순을 먹게 됩니다.

우리가 느끼는 만큼 감동은 찾아온다

———

도시든 지방이든 감동할 일은 많습니다. 예를 들면 어릴 때는 멋지게 울창한 숲을 봐도 그다지 감동하지 않았습니다. 하지만 이것저것 경험하고 연륜이 쌓이자 다르게 보입니다. 나무 한 그루 한 그루의 아름다움에 압도당합니다. 무엇보다 오랜 세월 켜켜이 나이테를 늘리며 그 자리를 지켜온 것이 감동스럽습니다.

독립해서 생활하거나 결혼해서 아이를 기르며 부모님의 고마움을 알게 되었다는 이들이 꽤 있습니다. 직접 겪어봄으로써 지금까지 보이지 않았던 것이 보이고, 몰랐던 것을 알게 되는 셈이지요. 이처럼 세월이 지나야만 또 직접 경험해봐야만 알게 되는 것들도 있습니다.

그런데 감동이라는 것이 마음을 먹었다고 쉽사리 찾아오는 것은 아닙니다. 감동하기 위해서 감동을 찾는다는 것도 이상한 이야기입니다. 감동이라는 것은 뭔가를 접했을 때 자연스럽게 솟아나는 감정이기 때문입니다. 감동과 호사스러운 시간을 늘려가겠다고 생각한다면 마음이 이끄는 대로 움직이는 것이 최상입니다. 그렇게 하면 지식과 경험은 자연스럽게 늘어나니까요.

사람이 감동하는 포인트는 제각각 다릅니다. 알고 지내는 어떤 학생이 제게 "이거 정말 대단한 게임이에요"라며 열정적으로 게임의 기능을 설명해도 게임에 흥미가 없는 저의 마음은 움직이지 않습니다. 반대로 "자연이란 굉장한 존재야"라며 제가 자연의 위대함을 알려주려고 해도 학생이 흥미가 없다면 그 말이 마음에 와닿지 않겠지요. 감동은 자신이 흥미를 느끼는 것에서 솟아나는 법입니다.

🕐 **죽을 때 후회하지 않는 시간 습관**

주변에 소소하게 자리한 감동을 알아차린다

경험하는 시간을
소중히 한다

─

지금의 우리가 살고 있는 시대와 환경은 하고 싶은 것을 할 수 있으며, 행복하고 호사스러운 시간을 맛볼 수 있는 자유가 있습니다. 그런데도 그 행운을 깨닫는 사람이 많지 않습니다. 설사 깨달았다 해도 자유롭게 행동할 수 없다고 믿는 사람이 많습니다. 왜 그런 것일까요?

'쉽게 될 리 없다'는 불확실성 때문일까요? 아니면 자신을 믿지 못하기 때문일까요? 그것도 아니라면 무엇인가 잃는 것을 두려워하고 있는 것일까요? 하고 싶은 일을 하자고 제가 반복해서 말씀드린 데는 두 가지 이유가 있습니다.

하나는 그렇게 행동하고 있을 때 가장 큰 기쁨을 느끼는 호사스러운 시간이 되기 때문입니다. 그리고 또 다른 이유는 그러한 경험이 쌓이면 더욱 호사스러운 시간을 만들어낼 수 있기 때문입니다.

경험만큼 좋은 선생은 없다

제가 지금 하는 일에 이르기까지 걸어온 길은 다양한 것을 경험하며 호사스럽게 지낼 수 있는 장소를 찾는 여정이었습니다. 하고 싶은 것은 무엇이라도 해보았습니다.

하고 싶은 일을 해보고, 가고 싶은 곳에 가고, 먹고 싶은 것을 먹고, 만나고 싶은 사람을 만난다. 이런 모토로 살다 보니 하고 싶은 것과 할 수 있는 것을 알게 되더군요. 동시에 하고 싶지 않은 것, 하지 못하는 것도 뼈아플 정도로 정확히 알게 되었습니다.

저는 경험을 쌓고, 거기서부터 마음의 목소리에 귀를 기울이는 것을 반복했습니다. 그렇게 해야 배울 수 있었습니다. 때때로 '하고 싶은 것을 잘 모르겠다'거나 '하고 싶은 것이 없다'고 하는 사람이 있습니다. 그 또한 경험 부족이 원인일 수 있습니다.

그런 사람이라면 하고 싶든 하고 싶지 않든 상관하지 말고 일단 무엇이든지 해보기를 권합니다. 일단 해봐야 싫은지 좋은지 알 수 있으니까요. 하고 싶지 않은 것을 억지로 해보는 것도 좋을 수 있습니다. 행동을 하면 마음의 소리가 좀 더 잘 들려오기 때문입니다.

그렇다고 해서 무조건 경험치가 높은 것이 좋고, 여러 가지 다양한 경험을 하는 것만이 최선이라고는 생각하지 않습니다. 중요한 것은 내가 무언가를 깨달을 수 있는 경험이어야 합니다.

경험에서 무엇을 얻을지는 사람마다 다르다

어떤 한 가지 일을 통해서 큰 기쁨과 보람을 느끼는 사람이 있습니다. 반면 남이 하지 못하는 특별한 경험을 했어도 하찮은 실수로 일을 망치는 사람도 있습니다. 가슴 아픈 실연을 당했음에도 이후 연애할 때마다 똑같은 실수를 반복하는 사람이 있고, 그 교훈을 발판 삼아 행복한 연애를 하는 사람도 있습니다.

경험은 수나 양의 문제가 아닙니다. 무작정 경험을 많이 하는 것이 아니라 경험을 통해 무엇을 깨닫고 어떻게 달라졌는지가 중요합니다.

예전에 아주 사소한 병에 걸린 적이 있습니다. 그때 큰병을 앓아 생명이 위태로운 경험을 했던 여성으로부터 이런 메시지를 받았습니다.

"병을 앓고 나면, 그 후에 반드시 우리들에게 좋은 영향을 준다고 저는 믿고 있어요."

그녀는 지금 병에 걸린 경험을 바탕으로 건강식을 만드는 음식 연구가로 활약하고 있습니다. 힘들고 아팠던 일, 즉 원치 않았던 경험에서 인생을 풍요롭게 만들어줄 지혜와 깨달음을 이끌어낸 것입니다.

누구라도 괴로운 경험을 하고픈 사람은 없지만 살아가다 보면 좋은 일도 그렇지 않은 일도 겪게 됩니다. 어떤 일을 겪느냐가 아니라 거기서 무엇을 얻느냐가 중요합니다. 때문에 경험을 함으로써 시간의 질은 높아집니다.

'경험을 소중히 하는 것'은 '시간을 소중히 하는 것'이며, '자신을 소중히 하는 것'입니다. 우리가 살면서 겪는 일들은 모두 우리 삶의 양식이 됩니다.

🕐 **죽을 때 후회하지 않는 시간 습관**

> 어떤 경험도 살아가기 위한 양식이라고 생각한다

자신을 위해 시간을 만들어내는
3가지 약속

- 우선 자신에게 '소중한 시간(자신을 위한 시간)'부터 확보한다.

- 하고 있는 것을 '하고 싶은 것(자신의 시간)'으로 변경한다.

- 생활과 시간의 '비용'을 줄인다.

과거를 돌아보았을 때 빛나고 있는 시간은 어떤 시간일까요? 자신을 자랑스럽게 생각하는 시간, 즐거움과 행복을 느끼는 시간, 그리고 '그 사람이 있어서 좋았어'라고 여겨지는 시간일 겁니다.

자신과 타인의 사랑, 그리고 응원 속에서 보내는 온화한 시간들은 분명 빛날 테지요. 그처럼 풍요롭고 호사스러운 시간을 당신도 만들 수 있습니다.

따사롭게 내리쬐는 태양의 빛, 창문으로 보이는 푸른 하늘, 아름답게 피어 있는 향기로운 꽃, 매 끼의 맛있는 식사, 소중한 사람들과의 대화. 그런 것들을 하나하나 충분히 음미하면서 즐겨봅시다.

자신을 괴롭히는 감정도, 남과 비교하는 마음도, 물질적인 욕망도 모두 무의미합니다. 중요한 것은 진정 자신이 행복해질 수 있는 일을 하는 것입니다. 마음에 귀를 기울이고 진정으로 당신이 원하는 게 무엇인지 들어봅시다. 나중으로 미루지 말고, 지금 그것을 하면 됩니다.

우리 생은 영원하지도 않으며 시간은 되돌릴 수도 없습니다. 그러니 시간이 한참 지난 후에 후회하지 말고, 바로 지금 이 순간을 사는 겁니다. 언젠가 멈추게 될 생을 생각하면서.

옮긴이 송소정

대학에서 역사를 전공하고 왓슨 와이어트 한국 지사에서 오랜 기간 근무했다. 이후 이화여자대학교 통번역대학원 한일번역학과를 졸업했으며 현재는 전문 번역가로 활동 중이다. 옮긴 책으로 《공부 머리는 5~9세에 결정된다》, 《미래를 앞서가는 7가지 통찰》, 《푸넘도 습관이다》, 《나는 당신이 오래오래 걸었으면 좋겠습니다》, 《어쩌면 매일 행복을 가꾸고 있는지도 몰라》 등이 있다.

시간을 내 편으로 만드는 8가지 기술
바쁜 것도 습관입니다

초판 1쇄 발행 2020년 10월 12일

지은이 아리카와 마유미
옮긴이 송소정

발행인 이재진	**단행본사업본부장** 신동해	
편집장 김수현	**편집** 김남혁	**교정교열** 최서윤
디자인 지완	**마케팅** 이현은 장대익	
홍보 최새롬 권영선	**국제업무** 김은정	**제작** 정석훈

브랜드 웅진지식하우스
주소 경기도 파주시 회동길 20
주문전화 02-3670-1595 **팩스** 031-949-0817
문의전화 031-956-7363(편집) 02-3670-1022 (마케팅)

홈페이지 www.wjbooks.co.kr
페이스북 www.facebook.com/wjbook
포스트 post.naver.com/wj_booking

발행처 (주)웅진씽크빅
출판신고 1980년 3월 29일 제406-2007-000046호
한국어판 출판권 ⓒ(주)웅진씽크빅, 2020
ISBN 978-89-01-24553-9 03190